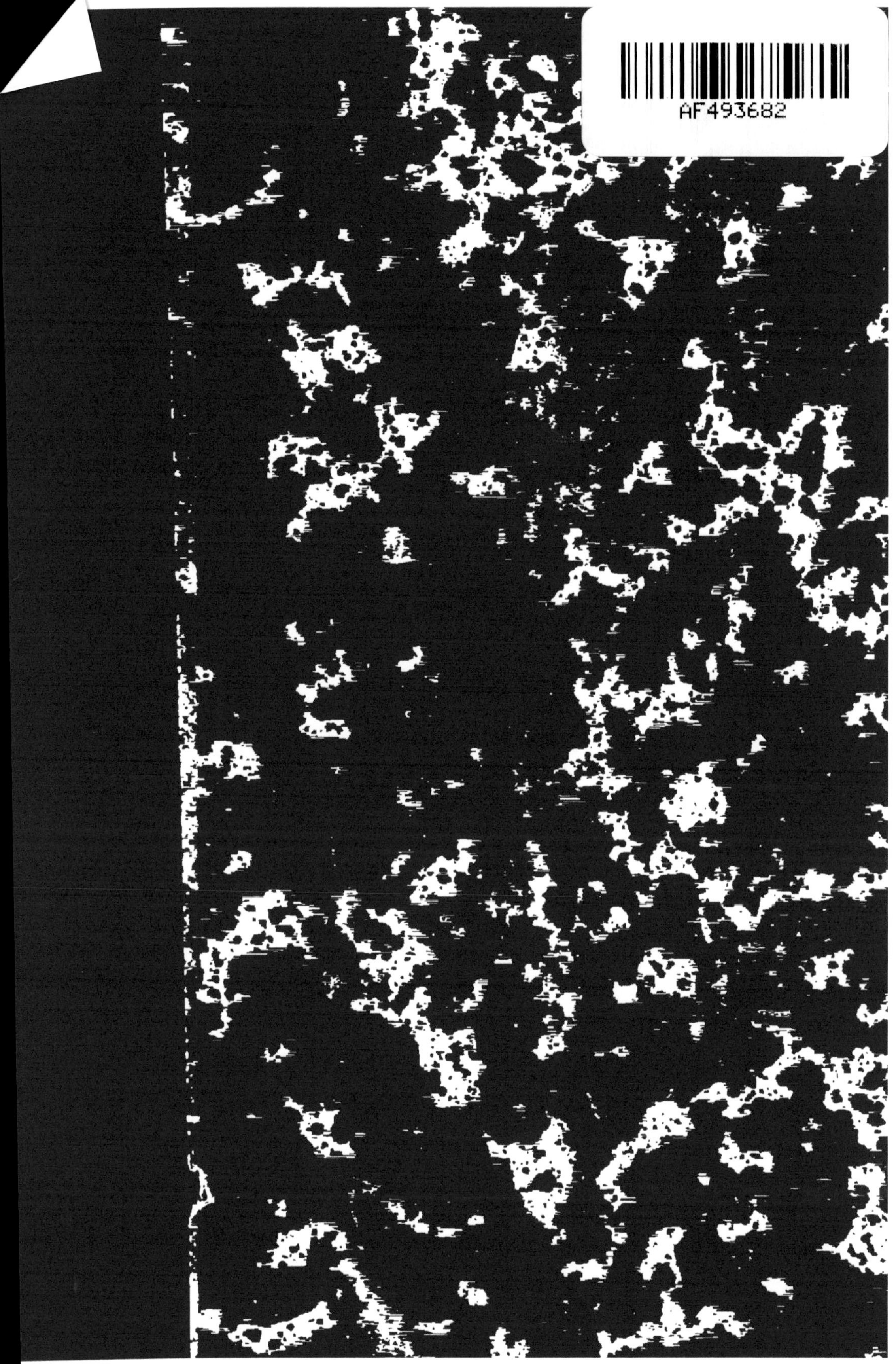
AF493682

PENSÉES
DES DEUX EMPEREURS
NAPOLÉON Ier
ET
NAPOLÉON III.

PARIS, TYPOGRAPHIE DE HENRI PLON,
IMPRIMEUR DE L'EMPEREUR,
8, RUE GARANCIÈRE.

PENSÉES

DES DEUX EMPEREURS

NAPOLÉON Ier ET NAPOLÉON III

RECUEILLIES

PAR M. MARTIAL BRETIN.

PARIS

LIBRAIRIE D'AUGUSTE FONTAINE

(ANCIENNE MAISON DAUVIN ET FONTAINE)

35, Passage des Panoramas, et Galerie de la Bourse, 1 et 10

1859

A MONSIEUR

LE COMTE DE NIEUWERKERKE

Directeur général des Musées Impériaux,

INTENDANT DES BEAUX-ARTS DE LA MAISON DE L'EMPEREUR.

Monsieur le Comte,

Si l'on met à part les faits matériels et visibles qui, dans notre nouvelle organisation politique et sociale, portent si profondément l'empreinte des deux empereurs Napoléon, pour ne considérer que la pensée intime qui présida à leur création, ce qui frappe le plus dans une étude aussi intéressante, c'est l'étroite union qui existe entre ces puissants génies. L'observateur qui, en parcourant les œuvres tracées de leurs mains mêmes ou animées de leur unique inspiration, ne les suit exclusivement que dans les régions abstraites de la métaphysique qui leur est propre, ne peut se défendre de remarquer le lien de parenté, l'air de famille qu'ont entre elles leurs idées, formées, pour ainsi dire, sur le même type et sorties du même moule. Ennemis déclarés du mensonge et le poursuivant sous toutes ses formes, tous deux ont à un degré suprême l'instinct des véritables rapports des choses, et leurs ressources sont d'une richesse égale dans l'art de généraliser les lois du mouvement des peuples et de leur gouvernement. En s'appuyant sur les maximes dont ils ont semé le travail de leur pensée, il serait facile, suivant nous, d'arriver à la détermination et à la simplification des principes et des règles de la science politique morale, et les vœux qu'il serait si naturel de former pour l'accomplissement d'une tâche aussi importante ont donné l'idée de grouper ces maximes en quelques pages. D'ailleurs, l'erreur a fait trop de ravages dans les intelligences contemporaines, nous sentons encore trop les coups qu'elle a portés, les plaies qu'elle a faites sont encore trop saignantes, pour ne point saisir, partout où elles se trouvent, les armes que la vérité tient à notre disposition dans les moments les plus décisifs du combat qu'elle doit lui livrer sans relâche. Et qui répandit sur le monde plus de vérités que les deux souverains dont l'œuvre sera l'éternel honneur de notre siècle?

Daignez, Monsieur le Comte, agréer l'hommage de ce recueil, qu'il m'est si doux de vous dédier, et comme une marque de la vive reconnaissance que vos bontés ne cesseront de m'inspirer, et parce que, de tous les admirateurs de vos qualités éminentes, je ne suis pas le dernier à vous regarder comme le plus parfait ornement d'un règne auquel étaient destinées les splendeurs de toutes les gloires, et qui devait vous voir préparer, avec la main de l'Art docile à votre voix, la plus belle de ses couronnes.

Je suis, avec le plus profond respect,

Monsieur le Comte,

Votre très-humble et très-obéissant serviteur,

Martial BRETIN.

Paris, 15 mars 1859.

PRÉFACE.

« Malgré notre orgueil, disait Napoléon Ier, nos mille et une brochures, nos harangues à perte de vue et très-bavardes, nous sommes très-ignorants dans la science politique morale. »

Le terrain dont il s'agit est tellement mouvant et vague, il est si difficile, même à la main la plus ferme, d'y asseoir une proposition à l'abri de toute attaque, que cet aveu de notre ignorance est loin de nous étonner. Mais le reproche fait au progrès si limité de cette science perd beaucoup de sa gravité si l'on jette un coup d'œil sur la constitution vainement poursuivie jusqu'à nos jours de la politique spéculative, et en présence de cette partie de nos connaissances où règnent, plus que partout ailleurs, l'incertitude et l'hypothèse, il est aisé de comprendre l'impossibilité de tracer, même d'une manière générale, les préceptes qui forment l'essence de la première. Comment fixer les principes de la morale et leur donner une base scientifique inébranlable, quand chaque siècle voit ses penseurs les plus éminents venir échouer sur cet écueil si redoutable de la philosophie politique? Ce dernier résultat, d'un autre côté, ce naufrage commun des esprits les mieux trempés a-t-il lieu de nous surprendre? Pour qu'il en fût ainsi, il faudrait n'avoir jamais mesuré d'un regard l'immensité de la route à parcourir et n'avoir qu'une idée superficielle des difficultés à vaincre. Soit que, se repliant sur elle-même et n'écoutant qu'elle seule, la raison cherche à couvrir tous les faits historiques de quelques données *a priori;* soit que, plus soucieux de la réalité, nous tentions de dégager l'inconnue de nos problèmes de l'observation et de l'expérience, le doute nous saisit au seuil même de nos investigations. La vérité religieuse a ses dogmes, ce que l'on appelle philosophie a quelques axiomes primordiaux qui s'imposent à l'esprit avec l'inflexible souveraineté de l'absolu, que nulle force ne pourrait ébranler, qu'aucun nuage ne saurait obscurcir. Mais où trouver la vérité politique? Où chercher et prendre ses axiomes et ses dogmes? Suivez tous les chemins, employez toutes les méthodes; analyse, synthèse, que dans votre main tout instrument, tout procédé soit bon pour faire jaillir quelque lumière du fond de la raison humaine; remontez le cours des âges, interrogez la pensée de tous les temps; qu'Aristote, Xénophon, Cicéron, vous répondent pour l'antiquité, les scolastiques pour le moyen âge, les nouveaux platoniciens pour la renaissance; suivez un moment le mouvement réformateur du seizième siècle, puis jetez-vous dans le dix-huitième et recueillez tout ce que sa double école libérale et révolutionnaire a légué à la Constituante; après avoir pris à la Restauration ses idées théocratiques, doctrinaires, utilitaires, descendez jusqu'au positivisme, jusqu'au socialisme de nos jours; quand vous aurez parcouru le cercle entier des questions soulevées et débattues, qu'aurez-vous obtenu? que vous restera-t-il? Vous n'aurez fait que constater des mystères sans nombre, des contradictions inouïes, des rêves impossibles, et vous vous demanderez si la philosophie politique n'est point cette partie du monde moral créée tout exprès pour être éternellement livrée à nos disputes.

L'observation a-t-elle mieux répondu à notre attente? Dans la carrière plus étroite, mais plus sûre, des phénomènes dont l'histoire nous offre l'émouvant tableau, l'étude des causes est, sans contredit, plus facilement abordable, et il est juste de reconnaître que dans leur recherche et dans leur enchaînement l'esprit moderne a fourni les preuves de la sagacité la plus pénétrante, et qu'il s'est montré dans toute la puissance de la logique. En effet, quel peuple, vivant ou disparu, n'a pas aujourd'hui la philosophie de son histoire? Depuis deux siècles que nous sommes à l'œuvre, n'avons-nous pas donné, excellentes ou passables, les explications de tous les progrès, de toutes les civilisations, les raisons de toutes les grandeurs, de toutes les décadences? Là, toutefois, se sont bornés nos travaux; les événements individuels ont absorbé toutes nos forces, et si les obstacles qui s'opposent à la marche ascendante des idées vont se multipliant sans cesse, il faut en rejeter la responsabilité sur les écrivains de notre temps, qui, à l'envi les uns des autres, font l'histoire à leur image, dont la funeste manie est de reconstituer le passé sur le type de leurs théories préconçues et de leurs propres systèmes. Quelque imposante que soit l'autorité des talents qui se sont épuisés à la poursuite du vrai en politique, il ne nous est pas encore permis de nous reposer sur quelques vastes et solides formules; car au milieu de tous les matériaux si patiemment amassés, au fond de tous ces labeurs qui, du reste, témoignent des nobles efforts, des tendances généreuses de notre époque, nous avons beau chercher la science proprement dite, nous ne la trouvons nulle part.

Hélas! nous le savons : du particulier au général, la route est ardue et longue, et, comme les grands fleuves, a-t-on dit, les principes ne permettent guère de remonter jusqu'à leur source. Il est bien quelques notions spéciales sur lesquelles nous commençons à nous entendre; nous savons parfaitement à quoi nous en tenir, par exemple, sur la valeur des constitutions écrites, sur les rapports des mœurs avec la législation, sur la hiérarchie des fonctions et la division des pouvoirs; nous ne sommes plus à la recherche d'une formule gouvernementale unique et indistinctement applicable à tous les peuples et dans tous les temps; nous avons épuisé beaucoup d'erreurs; bonnes ou fatales, nous avons accepté bien des théories; mais les applications que nous en avons faites ne sont guère de nature à nous donner l'espoir de voir, dans un avenir prochain, surgir de l'expérience et de nos études un corps de doctrine inattaquable; les fragments de vérité que nous tenons du passé, même avec nos récentes acquisitions, sont loin de former une véritable richesse; dépourvus d'idées générales, nous ne possédons que des détails que ne rattache aucun lien, et dans notre impuissance de nous élever à des inductions certaines, nous comprenons le découragement de ces intelligences qui finissent par s'endormir dans un scepticisme indifférent, ou qui, voulant une satisfaction, une solution à tout prix, vont la demander à leurs inspirations religieuses et la trouvent dans leur foi en une Providence gouvernant le monde par des moyens connus seulement de sa sagesse.

Si le jour est encore loin où des mains plus hardies déchireront le voile qui nous dérobe les vérités premières, s'il nous paraît si difficile de relier à la simplicité de quelques causes la multiplicité des effets, de constituer, en un mot, la science politique sur un fondement que soutiendraient à la fois et la raison et les faits, ne serait-ce point, premièrement, parce qu'elle est la science par excellence, de toutes les sciences la plus vaste et la plus compliquée, et dont le principal caractère est de leur demander, pour la direction des sociétés, pour l'accomplissement régulier de la destinée humaine ici-bas, ses moteurs, ses points d'appui, ses leviers; que, pour découvrir et formuler les lois en vertu desquelles toutes nos connaissances doivent décrire des cercles concentriques autour de ce point culminant, toutes ces branches se grouper autour de ce tronc immuable, quelques siècles, quelques hommes ne suffisent point, et qu'une génération donne à peine une pierre pour édifier cette immense généralisation? Ne serait-ce pas, en outre, parce que la nature de l'homme s'oppose constamment à ce travail, et que nous ne pouvons aborder cette étude où l'esprit seul devrait pénétrer qu'en traînant avec nous toutes les passions qui nous sont inhérentes? Telle est la profondeur de notre misère! Sur l'horizon de ce monde qui nous occupe, à peine entrevoyons-nous quelque lueur qu'un bandeau vient à l'instant se placer sur nos yeux. Où la voix de la raison seule devrait se faire entendre, là retentissent à la fois toutes les fibres de notre être, et, lorsque sur les pas de l'abstraction la plus méthodique et la mieux soutenue, nous croyons, emportés dans les hautes sphères, saisir enfin l'idéal, objet de nos poursuites et de nos vœux, au lieu de contempler le sceau divin sur son front, nous ne le voyons plus que couronné de nos propres chimères, nous n'apercevons plus que le fantôme de nos regrets, de nos souvenirs, de nos mécomptes, de nos espérances.

Il est heureux toutefois que certains génies, complétement dégagés de nos grossiers intérêts et de nos passions sans cesse effervescentes, enveloppés seulement d'une froide impartialité, apparaissent de temps à autre sur la surface des siècles, après avoir dérobé quelque secret des vérités éternelles. Le genre humain doit se féliciter et remercier le ciel de posséder, pour interprètes de quelques-unes des lois divines, des Platon, des Bossuet, des Montesquieu, et d'avoir pour guides sur la route de ses progrès ces colonnes d'immortelle lumière. Livrés exclusivement au culte de l'idée, ils ont posé les premiers jalons de la science et tracé ces grands sillons que l'œil aperçoit de loin en loin dans le champ de la pensée. Prédécesseurs des deux empereurs Napoléon, leur enseignement les éclaira dans leur exploration des régions immatérielles; mais, fixés à leur place, il n'entra pas dans leur destinée de descendre des calmes domaines de la spéculation et de faire passer les produits de la conception par le creuset de l'expérience.

Il était réservé aux deux souverains de notre choix de faire revivre, avec les modifications appropriées à notre époque, l'esprit si éminemment pratique de César et d'Auguste, de Charlemagne et de Henri IV, et de perpétuer, en se montrant leurs égaux, la race de ces célèbres organisateurs. Rien n'est plus attrayant que de suivre le mouvement et la marche qu'ils impriment aux idées qui leur appartiennent, et dont le double mérite est de se présenter non point comme les produits de déductions laborieuses, mais avec le cachet de l'intuition la plus pure, et d'apparaître immédiatement dans la plénitude de leur force et de leur autorité en s'incarnant dans les faits. Et c'est là ce qui nous frappe le plus dans leur vaste carrière : c'est dans cette heureuse et prompte union de l'idéal et de l'application, de la théorie et de la réalité, qu'il faut aller chercher l'explication de leur puissance et le secret de leur gloire. Avec eux, nous nous sentons à l'aise, nous n'étouffons plus dans l'étroite atmosphère d'une secte, d'un parti, d'une école; nous respirons à pleine poitrine cet air vivifiant qui anime la raison universelle. Tout en étant les représentants les plus accomplis de la philosophie moderne et de notre génie national, ils sont en même temps la plus parfaite personnification de toutes les grandes pensées, de tous les nobles sentiments qui sont le soutien et l'ornement de l'humanité, et il semble que Dieu ne les a suscités parmi nous que pour mieux absorber et réfléchir à la fois, semblables à deux foyers d'un pouvoir égal, les rayons du beau que sa main laisse échapper sur les esprits. Si les poëtes nous voient suspendus à leurs accents, si nous les écoutons avec une sorte de respect mêlé d'enthousiasme et de pieuse reconnaissance, c'est qu'ils ont le don de traduire et de célébrer dans un magnifique langage les principes fondamentaux et sacrés de notre nature, de relever nos fronts vers les splendeurs du vrai, de réveiller dans nos seins les notions endormies de la justice, de la vertu, du devoir, et de nous consoler des misères présentes avec les espérances de l'immortalité. A ce point de vue, qui fut plus poëte que les deux Empereurs? Qui mit plus qu'eux la science et la poésie en action? Ils ne sont que d'hier, et déjà l'univers est rempli de leur épopée; déjà les peuples ont tour à tour recueilli les paroles de vie tombées de leurs lèvres, et reçu des mains de ces autres Moïses les tables de la nouvelle loi. Aujourd'hui l'histoire n'a d'autre occupation que de constater, dans chaque fait important qui surgit à nos yeux, leur intelligente initiative et leur active influence; car dans le mouvement qui nous emporte vers l'avenir préparé par leurs soins, notre marche ne se modère ou ne se précipite qu'à leur gré; nous ne cédons qu'à leur impulsion, nous n'obéissons qu'à leur règle. Vainement les rêveurs et les sophistes cherchent à nous détourner de la voie qui nous est tracée : leurs déclamations intéressées n'éveillent plus un écho dans nos âmes, et dans le vaste concert qui retentit autour de deux noms vénérés, quelle oreille pourrait s'inquiéter de quelques voix discordantes? Laissons les passions jalouses s'agiter dans l'ombre, et ne nous étonnons point de leur murmure. Les contradicteurs systématiques ne sont-ils pas de tous les siècles, et un silence absolu de leur part ne serait-il pas un véritable miracle? Loin de nous, toutefois, la pensée d'envelopper nos adversaires, de quelque catégorie qu'ils soient, dans un même anathème, et sur ce point, nous ferons, en passant, la distinction permise à tout le monde : nous comprenons, nous respectons les oppositions loyales et franches, les oppositions que justifient des convictions sincères ou des sentiments honorables; mais il en est d'autres dont l'égoïste et lâche immoralité est la honte et la condamnation des partis qui les produisent, et que flétrit, à juste titre, l'opinion publique; témoin, par exemple, l'universel et profond mépris où vient s'abîmer et disparaître ce genre monstrueux de détracteurs qui, repoussés du sein des vivants et se prostituant dans les bras de la haine, attendent que leur dernier pas ait franchi le bord de la tombe pour ouvrir à leur aise l'arsenal de leurs calomnies. Heureusement que, de quelque part qu'elles viennent, les diatribes et les invectives n'enlèvent rien aux choses, et que pour le détruire il ne suffit pas de jeter une négation sur le principe de notre vie. Rappelons-nous qu'il est des maux inévitables, des scandales nécessaires, et que le bien, dans tous les temps, s'en est servi pour mieux assurer son triomphe. Le parti des sages est d'abandonner les obstinés à leur irrémédiable endurcissement et de plaindre les aveugles; ils laissent à ces derniers la triste consolation de nier la lumière, et ils s'habituent à regarder d'un œil de commisération ces esprits chagrins qui, pour ne point accorder un hommage au génie, se réduisent à étaler devant les dédains de la foule la plaie incurable de leur orgueil.

Nous ne voulons pas établir de parallèle entre Napoléon Ier et Napoléon III. S'il est quelques différences entre ces deux grandes figures, elles ne sont pas aussi profondes qu'on se l'imagine de prime abord; ces différences, suivant nous, n'existent que dans les époques et dans les circonstances à travers lesquelles nous les contemplons : dépouillées de ces accessoires, elles se rangent naturellement sur le même plan. C'est la même vie qui les anime, le même sang qui circule dans leurs veines, la même pensée qui sort toute flamboyante de leur cerveau; c'est toujours le même aigle face à face avec le soleil. Tous deux ont au même degré la passion de la justice et de la dignité humaine; tous deux ont une horreur égale du vide des utopies et des théories creuses; leur vol n'est pas différent dans les régions du possible et des idées applicables, et leur puissance de généralisation est identique. La postérité, impartiale et juste, ne séparera point leurs mains dans le grand œuvre de notre rénovation politique et sociale; elle verra mieux que nous leur double travail se complétant l'un l'autre; mieux que nous elle dira comment, se précipitant sur les institutions écroulées, ils ont su retirer de l'entassement des décombres les matériaux encore utiles dans la construction de la cité de l'avenir; comment, pleins de respect pour les traditions du passé, ils ont relevé le vieux tronc monarchique abattu et lui ont infusé cette séve féconde qui sur les générations futures étendra de plus vastes ombrages et leur donnera des fruits conformes au développement de leur organisation. Que le premier, travaillant au milieu des tempêtes, jette les fondements de notre édifice gouvernemental, et que le second, sous un ciel moins orageux, en achève le couronnement, dans l'un comme dans l'autre les procédés sont semblables et leurs efforts tendent au même résultat. Pour eux, il s'agit toujours, en économie politique comme en jurisprudence, en diplomatie comme en administration, de fondre en une vaste unité les idées acceptables des partis et des systèmes, et d'en mettre l'ensemble harmonieux sous la protection de la morale la plus élevée, de la justice la plus étendue. Avec de pareils guides, et c'est le point qui nous importe, il est possible d'arriver à la détermination des principaux théorèmes de la philosophie politique comme à une logique coordination des règles pratiques qui en découlent : la science peut sortir du chaos.

Outre que dans la complexité des phénomènes produits sous leur féconde inspiration il n'est pas difficile, même pour le moins habile observateur, de relier la somme des effets à quelques lois générales, de saisir le *substratum* invisible donné par leur double génie comme support, comme soutien de la réalité vivante, eux-mêmes ont eu le soin de nous épargner une grande partie de cette étude en nous dévoilant les profondeurs les plus mystérieuses de leur pensée. Des diverses révélations, écrites ou orales, qu'ils nous ont laissées des vérités dont ils se sont faits les fervents apôtres, on pourrait former ce que nous appellerions le Code des nations et des rois. Moins abstraits, plus positifs que Fénelon et le grand Frédéric, ils s'attachent plus particulièrement que ces moralistes au côté réel des questions si variées que suscite, à chacune de ses évolutions progressives, notre existence politique. Rien de ce qui concerne les devoirs réciproques des gouvernants et des gouvernés ne leur échappe, parce que rien de ce qui appartient à la vie des sociétés ne leur est étranger; ce ne sont pas seulement des théoriciens qui s'adressent à des philosophes; avant tout, ce sont des hommes qui parlent à des hommes; la raison ratifie tous leurs préceptes, la conscience ne repousse aucun de leurs conseils, et après avoir parcouru la série entière de leurs idées, c'est avec une émotion presque religieuse que l'on se voit initié à la profondeur de leurs aperçus, à la savante simplicité de leurs conceptions, tout en admirant cette sobriété de paroles, cette clarté d'exposition, cette forme majestueuse et grave qui convient au langage des législateurs des peuples.

Chose remarquable, et qu'il nous est impossible d'omettre en terminant ces courtes réflexions! C'est à des époques signalées par un profond obscurcissement des intelligences que tous deux ont fait jaillir sur le monde la lumière qui lui faisait défaut de toutes parts. Qui pourrait prononcer leur nom, à l'ombre duquel fut opéré le salut de nos croyances, sans être tenté de jeter un coup d'œil rétrospectif sur ces jours néfastes de notre histoire où notre orgueil fut si rudement châtié? Tant pis pour nous si la pensée de ces fatales heures ne nous fait plus frémir, si notre insouciante légèreté et notre ingratitude frondeuse les relèguent dans le silence de l'oubli, car nous ne connaissons point pour l'avenir de leçon plus énergique, de plus solennel enseignement que cette triste expérience de nos errements et de nos malheurs. Pour nous, nous avons beau chercher à nous soustraire à la banale importunité de ce souvenir, il s'élève de lui-même au-dessus des préoccupations du présent, sa voix perce à travers le tumulte des faits contemporains, et le tableau de nos désolations est toujours devant nos yeux. Qui redira ces scènes de terreur et d'angoisse dont nous avons été ou les témoins ou les acteurs? Quel croisement de passions et d'intérêts! Quel aveuglement, quelle dégradation des esprits et des caractères jusque-là les plus limpides et les plus honnêtes! Quel oubli, quel mépris des notions les plus élémentaires du juste et de l'injuste! Que de flots de chimères s'échappant des imaginations en délire! Il faut l'avoir vu pour le croire : il faut avoir assisté à de pareils spectacles pour se donner la mesure de toutes les sottises, de toutes les stupidités, ridicules ou atroces, renfermées dans notre cerveau, et ce serait à désespérer de la nature humaine si, dans ces saturnales de l'esprit, quelques prophètes envoyés de Dieu ne nous prenaient en pitié et ne venaient nous arracher à nos propres folies.

Et c'est à ces moments de vertige et de trouble que nous sont apparus les deux Napoléon. C'est alors que, chargés des desseins de l'éternelle Sagesse, ils ont relevé deux fois la société expirante, qu'ils l'ont réchauffée de leur haleine et replacée dans ses voies. A leur approche, les haines se sont éteintes, les discordes calmées, les chimères évanouies, la route de la civilisation s'est vue tout à coup et comme par enchantement déblayée de nos erreurs et de nos rêves. Nous avons entendu leurs oracles: dictées sous l'éclat de la pourpre, dans le fracas des batailles, au fond d'un cachot comme dans les déserts de l'Océan, leurs maximes ont pénétré le monde; consacrées par l'expérience, elles forment aujourd'hui le fondement et la charpente de nos institutions politiques et civiles. Nous en avons recueilli un grand nombre, principalement celles qui offrent un caractère tranché de simplicité et de généralité, et nous avons pensé que ce ne serait pas un travail inutile que de les rapprocher, de les condenser en un court espace. L'ordre à suivre dans la réunion de ces idées éparses dans une multitude d'ouvrages était indiqué par la nature même des sujets auxquels elles se rapportent, et notre tâche s'est réduite à grouper celles qui se touchent et se lient par une intime corrélation. Nous les livrons telles que nous les avons prises, sans explication, sans réflexions de notre part : la précision et la clarté qui les distinguent les dispensent de tout commentaire. Pour les comprendre et les mettre à profit, il n'est pas nécessaire d'être initié aux mystères de la métaphysique et de la haute spéculation ; il suffit d'un peu de patriotisme et de bon sens. Les deux souverains que le siècle a pris pour arbitres de ses destinées, et dont il portera le nom, ont remué tant d'hommes et broyé tant de choses, que leurs pensées vont d'elles-mêmes à l'adresse de toutes les classes, des conditions les plus élevées comme des plus humbles. Hommes d'État, magistrats, savants, militaires ou simples citoyens, tous nous y trouverons l'aliment solide des intelligences saines, des cœurs généreux et droits.

Certes, nous n'avons pas la prétention de convertir avec ce recueil ces esprits forts de la politique dont l'originalité consiste à penser tout autrement que le genre humain et que les maîtres de la science, ni de ramener dans les voies de la justice et de la modération ces âmes inquiètes qui, dans l'isolement de leurs regrets, se laissent dévorer par l'envie et font de la critique avec leurs illusions tombées. Nous connaissons le secret de l'affectation des premiers et de l'acharnement des autres, et nous ne voulons point troubler le travail de leur commune haine : il faut laisser à leurs dents le temps de s'user contre ces blocs de marbre et d'airain que l'Art élève de toutes parts à la mémoire des deux Élus de la Providence et des peuples, et qui resteront sur les âges futurs comme des monuments de notre reconnaissance et de notre admiration. L'œuvre impériale est au-dessus de leurs atteintes et n'a plus besoin d'être défendue. Que lui font aujourd'hui les épigrammes, les clameurs, les colères de l'ambition fourvoyée et du mensonge aux abois? Qu'importent au soleil nos insultes, à la vérité nos blasphèmes, à la gloire nos injures? Le soleil se lève à son heure, la vérité reste ; quant à la gloire...., elle a su pardonner du haut d'un rocher comme elle pardonne du haut du trône.

Martial BRETIN.

NAPOLÉON IER.

Toutes les institutions ici-bas ont deux faces : celle de leurs avantages et celle de leurs inconvénients ; on peut donc, par exemple, soutenir et combattre la république et la monarchie. Nul doute qu'on ne prouve facilement que toutes deux également sont bonnes et fort bonnes ; mais en application ce n'est plus aussi aisé.

L'extrême frontière du gouvernement de plusieurs, c'est l'anarchie ; l'extrême frontière du gouvernement d'un seul, c'est le despotisme ; le mieux serait indubitablement un juste milieu, s'il était donné à la sagesse humaine de savoir s'y tenir. Ces vérités sont devenues banales sans amener aucun bénéfice ; on a écrit à cet égard des volumes jusqu'à satiété, et on en écrirait un grand nombre encore sans s'en trouver mieux.

Le gouvernement entre les mains de plusieurs est un être de raison. L'action directe du pouvoir exécutif est la première base gouvernementale ; il ne peut exister d'unité lorsque l'exécution de cette action dépend de la volonté de plusieurs. Les masses sont plus intelligentes que les rêveurs de perfectionnement ; les individualités comprennent et pratiquent ce vieux dicton populaire : *Quand il y a deux maîtres qui commandent, tout va mal.*

Une forme de gouvernement qui n'est pas le résultat d'une longue série d'événements, de malheurs, d'efforts et d'entreprises d'un peuple, ne peut jamais prendre racine.

Il n'y a point de despotisme absolu, il n'en est que de relatif; un homme ne saurait impunément en absorber un autre. Si un sultan fait couper des têtes à son caprice, il perd facilement aussi la sienne et de la même façon. Il faut que l'excès se déverse toujours de côté ou d'autre; ce que l'Océan envahit dans une partie, il le perd ailleurs; et puis il est des mœurs, certains usages contre lesquels vient se briser toute puissance.

Il n'y a en Europe d'autre grand équilibre possible que l'agglomération et la confédération des grands peuples. Le premier souverain qui, au milieu de la première grande mêlée, embrassera de bonne foi la cause des peuples, se trouvera à la tête de toute l'Europe et pourra tenter tout ce qu'il voudra.

Tout gouvernement qui est né et se maintient sans l'intervention d'une force étrangère est national.

Les rivalités entre les grandes nations proviennent du défaut de s'entendre.

L'élection du chef de l'État ou d'un conseil de gouvernement est un germe de décadence, si ce n'est de servage, pour les peuples que leur situation géographique expose à des luttes incessantes avec leurs voisins.

La monarchie et le trône sont aussi nécessaires à l'existence et au bonheur de la France que le soleil qui nous éclaire ; sans eux, tout est trouble, anarchie et confusion.

Le gouvernement d'un sénat de cent ou deux cents personnes, comme celui d'Athènes, de Sparte, de Rome, de Venise, de Gênes, est préférable; il y a débat, discussion et plus de solidité dans les pensées, les principes, les affections. Le meilleur de tous est celui d'un seul. Un président, comme en Amérique; un premier consul, comme dans la constitution de l'an VIII, serait préférable. Un pouvoir héréditaire ou monarchique est meilleur encore. Le pire de tous est celui de trois, cinq, sept, neuf personnes. On demande ici s'il serait meilleur que le gouvernement, comme le Conseil exécutif, fût composé de cinq, ou sept, ou neuf ministres ayant des départements. Cette forme serait vicieuse, mais pourtant préférable à celle du Directoire exécutif. Le gouvernement d'Angleterre consiste dans un monarque héréditaire et un conseil de ministres responsables où il y a un premier ministre : il a donc tout l'avantage de l'unité. Un être me semble fait par la nature en sa perfection physique et morale. Toute unité artificielle composée par les hommes est un avorton. Il faut que les hommes aient pour leur gouvernement du respect, de l'estime, de la crainte, de l'amour, du dévouement, de l'illusion. Ne cherchez ni amour, ni dévouement, ni illusion dans un gouvernement de cinq personnes.

La monarchie est nécessaire à la France pour assurer sa liberté et son indépendance.

Le sort d'une grande nation ne peut dépendre de la vie ou de la mort d'un homme ; l'hérédité du trône est un des principes conservateurs des États.

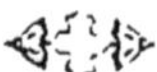

Du moment où vous ôtez à la royauté le prestige qu'elle reçoit de l'oint du Seigneur, et que vous la soumettez au froid calcul de la raison, elle cesse d'être royauté, elle devient une magistrature ; et dès ce moment l'ambition entre en lice, l'ère des révolutions commence. Heureusement pour les nations que le merveilleux a pour l'imagination de l'homme un charme irrésistible et qui toujours finit par reprendre son empire, quels que soient les effets du règne passager de la raison.

Tout gouvernement légitime éteint les droits et la légitimité des gouvernements qui l'ont précédé.

Le souverain du choix de toute une nation sera toujours, aux yeux des peuples, le souverain légitime.

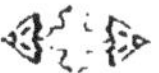

Ce qui distingue spécialement le trône impérial, c'est qu'il est élevé par la nation ; qu'il est, par conséquent, naturel, et qu'il garantit toutes les libertés : c'est là le vrai caractère de la légitimité.

Il ne peut y avoir, dans une organisation monarchique de la France, de vraie garantie pour les vrais intérêts du peuple que dans le règne de ma dynastie, et cela parce qu'elle est l'œuvre, la création du peuple.

Le gouvernement ne peut pas être despotique, parce qu'il n'a pour s'appuyer ni système féodal, ni corps intermédiaire, ni préjugés. Le jour où le gouvernement serait tyrannique, il perdrait l'opinion publique, il serait perdu.

Ceux qui n'ont pu observer que de loin quelques pièces de la machine d'un gouvernement étranger s'imaginent, quand ils ont dessiné ces

pièces à la hâte et comme par contrefaçon, qu'ils apportent dans leur pays un système complet ; sans doute leurs ressources ne sont pas toujours inutiles, mais pour cela il faut qu'une main supérieure sache saisir les matériaux, les façonner, les approprier à la place qu'ils peuvent prendre dans un ancien édifice. Il n'arrive jamais à ces hommes d'avoir tout vu, tout comparé et principalement tout prévu ; ils présentent avec confiance des copies sans savoir que l'imitation ne produit pas toujours la ressemblance. Dans les faits contemporains, comme dans les faits historiques, on peut quelquefois trouver des leçons, très-rarement des modèles.

La souveraineté n'est point dans le titre, ni le trône dans son appareil.

Un roi n'est pas dans la nature, il n'est que dans la civilisation.

La souveraineté réside dans le peuple français, dans ce sens que tout, tout sans exception, doit être fait pour son intérêt, pour son bonheur et pour sa gloire.

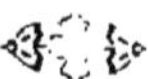

L'expérience prouve que les armées ne suffisent point toujours pour sauver une nation, tandis qu'une nation défendue par le peuple est toujours invincible.

Ce qui flatte le plus un peuple, ce qui caractérise sa souveraineté, c'est l'usage réel et sensible qu'il en fait. Pour la stabilité du gouvernement, il faut que le peuple ait plus de part aux élections, qu'il soit réellement représenté : alors il se ralliera aux institutions; sans cela, il y restera toujours étranger ou indifférent.

Il est dangereux de détruire la division des

pouvoirs. Même dans les gouvernements absolus, le despotisme s'arrête devant la maison de chaque particulier; il pèse sur le chef de la famille, mais il laisse la famille aussi absolument à la disposition de son chef que celui-ci même est à la disposition du gouvernement.

Aucune constitution n'est restée telle qu'elle a été faite ; sa marche est toujours subordonnée aux hommes et aux circonstances.

Une constitution doit être faite de manière à ne pas gêner l'action du gouvernement et à ne pas le forcer à la violer.

On est en France, par nature, si inquiet, si faiseur ! Qu'il y ait vingt révolutions, et de suite vingt constitutions sortiront toutes faites des portefeuilles des faiseurs politiques. Il y en a en France comme il y a des agioteurs sous les piliers de la bourse d'Amsterdam.

La France est une grande puissance ; mais cette puissance, c'est le peuple qui la compose... Ce n'est pas cinquante, soixante ou bien cent hommes qui se grouperont dans un moment tumultueux qui auront le droit de faire une constitution et d'aliéner les droits des peuples... Sa souveraineté est inaliénable.

Une constitution appuyée sur une aristocratie vigoureuse ressemble à un vaisseau. Une constitution sans aristocratie n'est qu'un ballon perdu dans les airs. On dirige un vaisseau parce qu'il y a deux forces qui se balancent : le gouvernail trouve un point d'appui ; mais un ballon est le jouet d'une seule force : le point d'appui lui manque, le vent l'emporte, et la direction est impossible.

Si une république est difficile à constituer fortement sans aristocratie, la difficulté est bien plus grande pour une monarchie. Faire une constitution dans un pays qui n'aurait aucune espèce d'aristocratie, ce serait tenter de naviguer dans un seul élément.

Il n'y a pas de gouvernements plus implacables que les gouvernements aristocratiques. Si vous les offensez, ils ne vous pardonnent pas; et si vous êtes une fois en leur puissance, il n'y a aucun traitement qui soit trop cruel pour vous.

La démocratie peut être furieuse, mais elle a des entrailles, on l'émeut; pour l'aristocratie, elle demeure toujours froide, elle ne pardonne jamais.

La république est l'organisation qui élève le mieux l'âme et qui possède au plus haut degré le germe des grandes choses ; mais sa grandeur la dévore tôt ou tard, parce que pour être puissante il lui faut de toute nécessité une unité d'action qui la conduit au despotisme d'un homme ou d'une aristocratie. Ce dernier est le pire de tous les despotismes. Rome, Venise, l'Angleterre, notre France même, sont des témoignages irrécusables de cette vérité.

Pour qu'une république démocratique puisse faire de grandes choses sans esprit de conquête, et malgré la mobilité que le principe électif apporte dans la marche de sa politique, le pouvoir central a besoin d'une majorité parlementaire invariable ; et comme cette majorité lui est constamment disputée par l'intérêt de localité ou l'ambition des députés, il lui faut de toute nécessité l'acquérir par la corruption, ver rongeur des nations! Arme terrible dans la main du pouvoir central et qui presque toujours l'entraîne au delà des limites que l'intérêt national comme son propre intérêt lui défendent de franchir sous peine de mort.

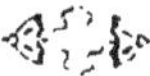

Il y a toujours un esprit de guerre entre de vieilles monarchies et une république toute nouvelle.

Si à la politique sage et vraie qui convient à une grande nation, qui a de grandes destinées à remplir, des ennemis très-puissants devant elle, on substitue la démagogie d'un club, l'on ne fera rien de bon.

L'égalité des intérêts commence les révoltes, l'union des passions les continue, et le plus souvent elles finissent par la guerre civile, qui s'établit dans les révoltes elles-mêmes.

Il est dangereux pour les rois d'accoutumer les peuples à se faire justice eux-mêmes.

Quand une fois les torches civiles sont allumées, les chefs militaires ne sont que des moyens de victoire ; c'est la foule qui gouverne.

Les homogènes s'attirent en révolution comme en physique.

Les menaces sont plus faciles à faire qu'à effectuer, et, dans la manière des anarchistes, elles précèdent toujours de beaucoup toute espèce d'exécution.

Il n'y a rien de pis que les honnêtes gens dans les crises politiques lorsqu'ils ont la conscience fascinée par de fausses idées.

Un État est faible, est déchiré par les factions, lorsque plusieurs centaines de citoyens s'organisent en assemblée exclusive, prennent part dans toutes les discussions, jouent la popularité, sont sans cesse armés par l'exagération, et n'ont jamais en but que la distinction.

Un prince ne doit jamais souffrir que l'esprit de cabale et de faction triomphe de son autorité; qu'un misérable esprit de légèreté et d'opposition déconsidère cette autorité première, fondement de l'ordre social et véritable source de tous les biens des peuples.

C'est à l'idéologie, à cette ténébreuse métaphysique qui, en recherchant avec subtilité les causes premières, veut sur ses bases fonder la législation des peuples au lieu d'approprier les lois à la connaissance du cœur humain et aux leçons de l'histoire, qu'il faut attribuer tous les malheurs qu'a éprouvés notre belle France. Ces erreurs ont amené le régime des hommes de sang. En effet, qui a proclamé le principe d'insurrection comme un devoir? Qui a adulé le peuple, en le proclamant à une souveraineté qu'il était incapable d'exercer? Qui a détruit la sainteté et le respect des lois, en les faisant dépendre, non des principes sacrés de la justice, de la nature des choses et de la justice civile, mais seulement de la volonté d'une assemblée composée d'hommes étrangers à la connaissance des lois civiles, criminelles, administratives, politiques et militaires? Lorsqu'on est appelé à régénérer un État, ce sont des principes constamment opposés qu'il faut suivre.

Dans les crises de l'État l'homme raisonnable est celui qui passe pour faible, parce que la passion ressemble à la force.

L'opinion des hommes ardents passe aisément pour celle de la nation.

Ce que c'est que les révolutions! quel croisement d'intérêts, de rapports, d'opinions! Heureux encore quand elles ne dissolvent pas les familles ou qu'elles ne mettent pas aux prises les meilleurs amis!

Quand on s'obstine à susciter des troubles civils et des commotions politiques, on s'expose à en tomber victime. Il faudrait être niais ou forcené pour croire et imaginer qu'une famille aurait l'étrange privilége d'attaquer journellement mon existence sans me donner le droit de le lui rendre; elle ne saurait raisonnablement prétendre être au-dessus des lois pour détruire autrui et se réclamer d'elles pour sa propre conservation : les chances doivent être égales.

En révolution on oublie tout : le bien de la veille et le crime du lendemain. La phase des affaires une fois changée, reconnaissance, amitié, parenté, tous les liens se brisent.

Pas de révolution sociale sans terreur. Toute révolution est, dans le principe, une révolte que le temps et le succès ennoblissent et légitiment, mais dont la terreur a été une des phases inévitables.

Une révolution est toujours, quoi qu'on en dise, un des plus grands malheurs dont la colère divine puisse affliger une nation.

On ne fait ni n'arrête une révolution ; ce qui est possible, c'est qu'un ou plusieurs de ses enfants la dirigent à force de victoires, ou que ses ennemis la compriment momentanément par la force des armes ; mais dans ce cas le feu révolutionnaire couve sous la cendre, et tôt ou tard l'incendie se rallume avec une nouvelle force et dévore toutes ses entraves.

C'est à nous, c'est au peuple le plus doux, le plus éclairé, le plus humain, de rappeler aux nations civilisées de l'Europe qu'elles ne forment qu'une seule famille, et que les efforts qu'elles emploient dans leurs dissensions civiles sont des atteintes à la prospérité commune.

Il est des hommes pour qui la haine est un besoin, et qui ne pouvant pas bouleverser l'État, s'en consolent en secouant la dissension et la discorde partout où ils peuvent arriver.

Dans un pays où les brigands restent impunis et survivent à toutes les crises révolutionnaires, le peuple n'a point de confiance dans le gouvernement des honnêtes gens timides et modérés, s'il ménage toujours les méchants, qui peuvent toujours lui devenir funestes. Dans ce cas, il faut pardonner, comme Auguste, ou prendre une grande mesure qui soit une garantie pour l'ordre social.

L'inviolabilité du territoire n'a pas été imaginée dans l'intérêt des coupables, mais seulement dans celui de l'indépendance des peuples et de la dignité des princes.

Le commerce n'existe que par la confiance; il n'y a pas de confiance sous un gouvernement faible; il n'y a pas de confiance dans un pays où il y a des factions.

La sagesse et la modération sont de tous les pays et de tous les siècles, parce que l'une et l'autre sont fondées sur notre organisation physique; mais elles sont absolument nécessaires aux petits États et aux villes de commerce.

L'anarchie ramène toujours au pouvoir absolu.

Le salut public ou, pour mieux dire, la raison d'État, a pris chez les modernes la place de la fatalité chez les anciens : il y a tel homme qui, par sa nature, serait incapable d'un forfait; mais les circonstances politiques lui en font une loi. Corneille est le seul qui ait montré, dans ses tragédies, qu'il connaissait la raison d'État : aussi je l'aurais fait mon premier ministre s'il avait vécu de mon temps.

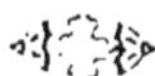

Contre des ennemis de tout gouvernement il ne peut y avoir de réaction.

C'est toujours dans des temps de trouble, et surtout après une victoire du peuple, que prennent naissance les éléments d'une force nationale qui devient l'armée appelée à défendre et à sauver la patrie.

Il faut de toute nécessité qu'un gouvernement qui succède au temps orageux des révolutions, qui est menacé par les ennemis du dehors et troublé par des intrigues à l'intérieur, soit un peu dur.

Les nations vieilles et corrompues ne se gouvernent pas comme des peuples antiques et vertueux. Pour un, aujourd'hui, qui sacrifierait tout au bien public, il en est des milliers et des millions qui ne connaissent que leurs intérêts, leurs jouissances, leur vanité; or prétendre régénérer un peuple en un instant et en poste serait un acte de démence.

Les partis, sous quelques dénominations qu'ils soient, affaiblissent le corps social et donnent de grandes chances aux intrigues de l'étranger.

Se servir un jour d'un parti pour l'attaquer le lendemain, de quelque prétexte que l'on s'enveloppe, c'est toujours trahir.

Gouverner par un parti, c'est se mettre tôt ou tard dans sa dépendance.

Dans un État bien administré, le pouvoir doit avoir sous la main tous les moyens d'action et de répression.

On ne change et on ne réforme pas un État avec une conduite molle ; il faut des mesures extraordinaires et de la vigueur.

A tout pays conquis il faut une révolte.

Lorsqu'une déplorable faiblesse et une versatilité sans fin se manifestent dans les conseils du pouvoir ; lorsque, cédant tour à tour à l'influence des partis contraires et vivant au jour le jour, sans plan fixe, sans marche assurée, il a donné la mesure de son insuffisance, et que les citoyens les plus modérés sont forcés de convenir que l'État n'est plus gouverné; lorsque enfin à sa nullité au dedans l'administration joint le tort le plus grave qu'elle puisse avoir aux yeux d'un peuple fier, je veux dire l'avilissement au dehors, alors une inquiétude vague se répand dans la société, le besoin de sa conservation l'agite, et, promenant sur elle-même ses regards, elle semble chercher un homme qui puisse la sauver. Ce génie tutélaire, une nation nombreuse le renferme toujours dans son sein. Mais quelquefois il tarde à paraître. En effet, il ne suffit pas qu'il existe, il faut qu'il soit connu; il faut qu'il se connaisse lui-même. Jusque-là, toutes les tentatives sont vaines, toutes les menées impuissantes; l'inertie du plus grand nombre protége le gouvernement nominal, et malgré son impéritie et sa faiblesse, les efforts de ses ennemis ne prévalent point contre lui. Mais que ce sauveur impatiemment attendu donne tout à coup un signe d'existence, l'instinct national le devine et l'appelle, les obstacles s'aplanissent devant lui, et tout un grand peuple, volant sur son passage, semble dire : « Le voilà ! »

En politique rien n'est immuable. Les événements comportent en eux-mêmes une puissance invincible : les niais se brisent dans la résistance qu'ils leur opposent ; les habiles acceptent les événements, ils s'emparent du mouvement et le dirigent.

Le grand ordre qui régit le monde tout entier doit gouverner chaque partie du monde ; le gouvernement est au centre des sociétés comme le soleil : les diverses institutions doivent parcourir autour de lui leur orbite sans s'en écarter jamais. Il faut que le gouvernement règle les combinaisons de chacune d'elles de manière qu'elles concourent toutes au maintien de l'harmonie générale. Dans le système du monde, rien n'est abandonné au hasard ; dans le système des individus, rien ne doit dépendre des caprices des individus.

Il n'y a ni esprit national ni ordre public là où chaque homme croit pouvoir ne prendre conseil que de son intérêt propre : tout homme, en société, a besoin d'une règle pour discerner ce qu'il doit aux autres hommes, ce qu'il peut se permettre, et ce dont il doit s'abstenir à leur égard ; rien ne s'obtient dans le monde sans condition.

Les lois seules ne gouvernent pas les hommes, et moins en France qu'ailleurs. La France est faite pour la monarchie, mais elle a surtout besoin de sentir la main du monarque : c'est elle qu'elle invoque contre les abus de l'autorité immédiate ; c'est rarement elle qu'elle en accuse. Il ne faut pas oublier ce cri par lequel les paysans français se consolaient autrefois des vexations subalternes (ce cri qui cependant ne réveilla pas Louis XV) : « Ah ! si le roi le savait ! »

Nos mœurs européennes veulent que le pouvoir se trouve limité par l'honneur.

Toute la science du gouvernement réside dans la force de volonté du souverain ; mais pour cela il faut avoir une volonté, il faut avoir l'énergie qui imprime un mouvement aux masses.

On ne gouverne pas avec de la métaphysique, mais avec les résultats de l'expérience des siècles. Je ne connais qu'un agent gouvernemental : la politique. Aujourd'hui la politique conseille une chose, demain une autre ; elle a des remèdes différents pour des maux semblables : celle qui dans telle circonstance pourrait guérir ne saurait être utilement applicable en telle autre.

Un gouvernement doit montrer des vues grandes et des idées généreuses..... Il ne faut point de passion dans la conduite d'un ministre : on pourrait croire que la passion inspire le chef de l'État.

Ce qu'il faut éviter, c'est moins l'erreur que la contradiction avec soi-même ; c'est surtout par cette seconde faute que l'autorité perd sa force.

Le pouvoir absolu n'a pas besoin de mentir ; il se tait. Le gouvernement responsable, obligé de parler, déguise et ment effrontément.

Avec de vaines considérations, de petites vanités et de petites passions, on ne fait jamais rien de grand.

La politique est la manière d'exposer les choses pour arriver à un but déterminé, et l'intrigue une série de démarches contradictoires qui se confondent, parce qu'elles n'ont pas un but fixe, parce qu'elles ne sont pas le résultat d'une volonté prononcée.

Le métier de roi n'est plus, en ce siècle, un jeu d'enfant; il faut que les mœurs des rois changent avec les mœurs des peuples; pour avoir le droit de se servir des peuples, il faut commencer par les bien servir.

La meilleure politique aujourd'hui, c'est la simplicité et la vérité.

C'est une erreur de croire que le peuple ne

fait rien que lorsqu'il est mené. Le peuple a un instinct qui le pousse et d'après lequel il agit tout seul.

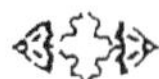

La perversité est toujours individuelle, presque jamais collective : les frères de Joseph ne peuvent se résoudre à le tuer; Judas, froidement, hypocritement, avec un lâche calcul, livre son maître au supplice. Un philosophe a prétendu que les hommes naissent méchants; ce serait une grande affaire et fort oiseuse que d'aller rechercher s'il a dit vrai. Ce qu'il y a de certain, c'est que la masse de la société n'est point méchante; car si la très-grande majorité voulait être criminelle et méconnaître les lois, qui est-ce qui aurait la force de l'arrêter ou de la contraindre? Et c'est là précisément le triomphe de la civilisation, parce que cet heureux résultat sort de son sein, naît de sa propre nature. La plupart des sentiments sont des traditions; nous les éprouvons parce qu'ils nous ont précédés : aussi la raison humaine, son développement, celui de nos facultés, voilà toute la clef sociale, tout le secret du législateur. Il n'y a que ceux qui veulent tromper les peuples et gouverner à leur profit qui peuvent vouloir les retenir dans l'ignorance; car plus ils sont éclairés, plus il y aura de gens convaincus de la nécessité des lois, du besoin de les défendre, et plus la société sera assise, heureuse, prospère. Et s'il peut arriver jamais que les lumières soient nuisibles dans la multitude, ce ne sera que quand le gouvernement, en hostilité avec les intérêts du peuple, l'acculera dans une position forcée, ou réduira la dernière classe à mourir de misère, car alors il se trouvera plus d'esprit pour se défendre ou devenir criminel.

Le but d'un souverain ne doit pas être seulement de régner, mais de répandre l'instruction, la morale, le bien-être.

La cause première du bien-être du peuple est dans un juste équilibre entre les charges que lui imposent le revenu public et le superflu du fruit de son travail.

Il est beaucoup plus simple pour le reconstructeur d'une nation de s'occuper de mille de ses habitants à la fois que de poursuivre le roman du bien-être individuel de chacun.

Chaque commune représente en France mille habitants. Travailler à la prospérité de trente-six mille communautés, c'est travailler au bonheur de trente-six millions d'habitants, en simplifiant la question, en diminuant la difficulté de tout ce qu'établit de différence le rapport de trente-six mille à trente-six millions. C'est ainsi que Henri IV entendait faire lorsqu'il parlait de sa *poule au pot ;* autrement, il n'eût dit qu'une sottise.

Il ne faut ériger en règle que ce qui est conforme à l'intérêt public, et ne permettre que par une exception dont l'autorité publique serait juge ce qui ne sert que l'intérêt particulier.

Je reconnais la nécessité de multiplier les propriétaires, qui sont les plus fermes appuis de la sûreté et de la tranquillité des États. La législation doit être toujours en faveur du propriétaire. Il faut qu'il ait du bénéfice dans ses exploitations, parce que sans cela il abandonnera ses entreprises. Il faut lui laisser une grande liberté, parce que tout ce qui gêne l'usage de la propriété déplaît aux citoyens.

Jadis on ne connaissait qu'une espèce de propriété, celle du terrain; il en est survenu une nouvelle, celle de l'industrie, aux prises en ce moment avec la première; puis une troisième, celle dérivant des énormes charges perçues sur les administrés, et qui, distribuée par les mains neutres et impartiales du gouvernement, peut garantir du monopole des deux autres, leur servir d'intermédiaire, et les empêcher d'en venir aux mains.

Il est des règles générales qui sont établies pour l'intérêt de la société, et qu'aucun propriétaire ne peut enfreindre sous le prétexte qu'il a le droit d'user et d'abuser de la chose. Par exemple, je ne souffrirais pas qu'un particulier frappât de stérilité vingt lieues de terrain dans un département fromenteux pour s'en former un parc. Le droit d'abuser ne va pas jusqu'à priver le peuple de subsistance. L'abus de la propriété doit être réprimé toutes les fois qu'il nuit à la société.

Le droit de propriété ne donne à personne la disposition indéfinie de ses biens, parce que personne ne peut en user contre les mœurs; que la loi pèse d'un côté les affections, de l'autre les devoirs, et que par de sages dispositions elle empêche l'homme de faire céder ses obligations à ses penchants.

La véritable industrie ne consiste pas à exécuter avec tous les moyens connus et donnés; l'art, le génie, est d'accomplir en dépit des difficultés, et de trouver par là peu ou point d'*impossible*.

Le fameux adage : « Laissez faire, laissez passer », serait dangereux pris d'une manière absolue. Il faut pratiquer cette maxime avec mesure et discernement.

L'agriculture est l'âme, la base première de l'Empire; l'industrie, l'aisance, le bonheur de la population; le commerce extérieur, la surabondance, le bon emploi des deux autres : celui-ci est fait pour les deux autres; les deux autres ne sont pas faits pour lui.

C'est par des comparaisons et des exemples que l'agriculture, comme tous les autres arts, se perfectionne. Il faut, dans les départements qui sont encore reculés pour la culture, exciter les bons propriétaires à envoyer leurs enfants étudier les méthodes usitées dans les départements où l'agriculture est florissante, et on les excitera par des éloges et des distinctions.

Le luxe des riches donne le nécessaire aux pauvres.

Tout mendiant doit être arrêté; mais l'arrêter pour le mettre en prison serait barbare et absurde. Il ne faut l'arrêter que pour lui apprendre à gagner sa vie par son travail.

J'attache à la destruction de la mendicité une grande importance et une grande idée de gloire.

Le commerce est un état honorable; mais ses bases essentielles doivent être la prudence et l'économie. Le négociant ne doit pas gagner sa fortune comme on gagne une bataille; il doit gagner peu et constamment.

La guerre va devenir un anachronisme. Si nous avons livré des batailles sur tout le continent, c'est que deux sociétés étaient en présence, celle qui date de 89 et l'ancien régime; elles ne pouvaient subsister ensemble; la plus jeune a dévoré l'autre. Je sais très-bien qu'au bout du compte la guerre m'a renversé, moi, le représentant de la révolution française et l'instrument de ses principes; mais n'importe! c'est une bataille perdue pour la civilisation; la civilisation, croyez-moi, prendra sa revanche. Il y a deux systèmes, le passé et l'avenir; le présent n'est qu'une transition pénible. Qui doit triompher, selon vous? L'avenir, n'est-ce pas? Eh bien, l'avenir, c'est l'intelligence, l'industrie et la paix ; le passé, c'était la force brute, les privilèges et l'ignorance; chacune de nos victoires a été un triomphe des idées de la révolution plutôt que de ses aigles. Les victoires s'accompliront un jour sans canons et sans baïonnettes.

Diviser les intérêts d'une nation, c'est les desservir tous, c'est engendrer la guerre civile. On ne divise pas ce qui par nature est indivisible, on le mutile.

Il faut servir dignement le peuple et ne pas s'occuper de lui plaire; la belle manière de le gagner, c'est de lui faire du bien. Rien n'est plus dangereux que de le flatter; s'il n'a pas ensuite tout ce qu'il veut, il s'irrite et pense qu'on lui a manqué de parole; et si alors on lui résiste, il hait d'autant plus qu'il se dit trompé. Le premier devoir du prince sans doute est de faire ce que veut le peuple; mais ce que veut le peuple n'est presque jamais ce qu'il dit; sa volonté, ses besoins, doivent se trouver moins dans sa bouche que dans le cœur du prince.

La fourberie n'est pas nécessaire dans un pays où rien n'oblige à publier ou à rendre des comptes; si le souverain ne veut pas faire connaître officiellement ses transactions, il les garde pour lui et ne donne aucune explication : il n'est pas nécessaire de faire écrire des rapports mensongers pour tromper le peuple.

Les remèdes violents accusent le législateur, car une constitution qui est donnée aux hommes doit être calculée pour des hommes.

Il en est des États comme d'un bâtiment qui navigue et comme d'une armée : il faut de la froideur, de la modération, de la sagesse, de la raison, dans la conception des ordres, commandements ou lois, et de l'énergie et de la vigueur dans leur exécution.

Quand on veut se mêler de gouverner, il faut savoir payer de sa personne.

Le souverain doit gouverner d'après des règles fixes et non d'après ses caprices ; il doit croire tous ses sujets gens de bien tant qu'ils ne démentent pas cette présomption par leur conduite.

En politique comme à la guerre, le moment perdu ne revient plus.

Avec les hommes extraordinaires ce n'est pas une politique de tous les jours qui réussit.

La législation est un bouclier que le gouvernement doit porter partout où la prospérité publique est attaquée.

Il est bien difficile de gouverner quand on veut le faire en conscience.

Ce n'est point au jour la journée que doivent travailler les princes, c'est sur l'avenir qu'il faut jeter les yeux.

Les gens sages, la postérité surtout, ne jugent que sur des faits.

La postérité seule juge les rois, seule elle a le droit de leur décerner ou de leur refuser des honneurs. Si la flatterie nous prodigue des éloges peu mérités, le temps vient qui remet tout à sa place.

Ce qui est injuste et ingénéreux ne peut jamais être avantageux à une grande nation.

Tout devient facile à l'influence du pouvoir quand il veut diriger dans le juste, l'honnête et le beau.

Le système du gouvernement doit être adapté au génie de la nation et aux circonstances du moment.

La propriété, les lois civiles, l'amour du pays, la religion, sont les liens de toute espèce de gouvernement.

L'autorité des princes est plus ou moins étendue, selon l'intérêt des nations qu'ils gouvernent. La souveraineté n'est héréditaire que parce que l'intérêt des peuples l'exige. Hors de ces principes, je ne connais pas de légitimité.

Quand on règne, on doit gouverner avec sa tête et non point avec son cœur.

Le cœur d'un homme d'État ne doit être que dans sa tête.

Ce n'est qu'avec la sagesse et une modération de pensée que l'on peut assurer d'une manière stable le bonheur de la patrie.

La modération imprime un caractère auguste aux gouvernements comme aux nations; elle est toujours la compagne de la force et de la durée des institutions sociales.

Sans justice, il n'y a que des partis, des oppresseurs et des victimes.

Si la modération est un défaut, et un défaut très-dangereux pour les républiques, c'est lorsqu'on en met dans l'exécution des lois sages; si les lois sont injustes, furibondes, l'homme de bien devient alors l'exécuteur modéré, c'est le soldat qui est plus sage que le général : cet État-là est perdu.

Le premier appui des États, c'est la fidèle exécution des lois.

On ne peut rendre les lois extrêmement simples sans livrer beaucoup de choses à l'incertitude de l'arbitraire.

L'histoire de tous les siècles nous apprend que l'uniformité des lois nuit essentiellement à la force et à la bonne organisation des empires lorsqu'elle s'étend au delà de ce que permettent soit les mœurs des nations, soit les considérations géographiques.

La loi doit se borner à poser un principe général; ce serait en vain qu'on voudrait y prévoir tous les cas; l'expérience prouverait qu'on en aurait omis beaucoup; on n'oserait, par respect pour elle, suppléer à son silence, et la justice en souffrirait. Il faut laisser au gouvernement le soin de statuer sur les détails par des règlements d'exécution ; il pourra sans inconvénient tâtonner et se régler sur l'expérience ; rien n'empêchera qu'au bout de deux ou trois ans on ne convertisse définitivement en lois ceux de ces règlements dont l'expérience aura démontré la sagesse.

Les lois qui sont, en théorie, le type de la clarté, ne deviennent que trop souvent un vrai chaos dans l'application. C'est que les hommes et leurs passions détériorent tout ce qu'ils manient.

On ne peut échapper à l'arbitraire du juge qu'en se plaçant sous le despotisme de la loi.

Dans tous les siècles et dans tous les États les circonstances ont appelé des lois extraordinaires.

N'oubliez pas que les lois sont nulles sans la force.

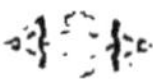

Le génie de l'ouvrier doit être de savoir employer les matériaux qu'il a sous la main. Le secret du législateur doit être de savoir tirer parti même des travers de ceux qu'il prétend régir.

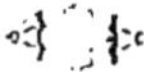

La bonne administration de la justice et la bonne composition des tribunaux sont dans un État ce qui a le plus d'influence sur la valeur et la conservation des propriétés, et sur les intérêts les plus chers de tous les citoyens.

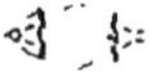

Si les crimes et les délits augmentent, c'est une preuve que la misère s'accroît, que la société est mal gouvernée. Leur diminution est la preuve du contraire.

Des soldats timides et lâches perdent l'indépendance des nations ; mais des magistrats pusillanimes détruisent l'empire des lois, les droits du trône et l'ordre social lui-même.

La plus belle mort serait celle d'un soldat qui périt au champ d'honneur, si la mort d'un magistrat périssant en défendant le souverain, le trône et les lois, n'était plus glorieuse encore.

Les qualités militaires ne sont nécessaires que dans quelques circonstances ; les vertus civiles, qui caractérisent le vrai magistrat, ont une influence de tous les moments sur la félicité publique.

⁂

Les formes sont la garantie nécessaire de l'intérêt particulier. Des formes ou l'arbitraire, il n'y a pas de milieu. C'étaient des temps barbares que ceux où les rois, assis au pied d'un arbre, jugeaient sans formalité.

⁂

L'injustice peut se rencontrer dans les juges, parce que ce sont des hommes ; il est contre la nature des choses qu'elle se rencontre jamais dans la loi, et que la loi force le juge d'être injuste malgré lui.

⁂

Les juges doivent prononcer, comme les jurés, d'après leur seule conviction, et sans se livrer au système de semi-preuves, qui compromet bien plus souvent l'innocence qu'il ne sert à découvrir le crime. La règle la plus sûre d'un juge qui a présidé aux débats, c'est la conviction de sa conscience.

Une loi qui, en rendant la chance de l'absolution trop favorable, assurerait au crime l'impunité, aurait des conséquences funestes en politique. Elle amènerait la tyrannie; car les désordres n'étant pas réprimés par une justice criminelle assez ferme, le gouvernement, dont le premier devoir est de maintenir l'ordre public et la sûreté commune, serait forcé de prendre des mesures extraordinaires pour empêcher qu'ils ne fussent troublés par des scélérats auxquels les tribunaux auraient indiscrètement rendu la liberté.

Le nom d'humanité ne convient pas à cette molle indulgence qui, en sauvant les coupables, expose les hommes de bien à leurs attentats.

Il ne faut pas se lier, dans l'institution d'un

nouveau gouvernement, par des lois trop détaillées ; les constitutions sont l'ouvrage du temps ; on ne saurait laisser une trop large voie aux améliorations.

Les devoirs des conseils généraux se bornent à faire connaître comment les lois sont exécutées. Ils sont autorisés à représenter les abus qui les frappent, soit dans les détails de l'administration, soit dans la conduite des administrateurs ; mais ils ne doivent le faire qu'en considérant ce qui est ordonné par les lois et par les décrets, comme étant le mieux possible.

Je ne connais pas de meilleures garanties nationales qu'un bon système représentatif des intérêts nationaux, où l'opinion et les besoins publics puissent se manifester sans ébranler le gouvernement ni nuire à son action. Les institutions viennent ensuite, peu à peu, conformes à ces besoins et à ces opinions.

Toute institution, sous un gouvernement faible, peut devenir un instrument dangereux.

Les hommes sont impuissants pour fixer les destinées des nations; ce n'est que par des institutions sages que leur prospérité peut être établie sur des bases solides.

Les meilleures institutions deviennent vicieuses quand la morale cesse d'en être la base.

Les lois, placées hors de l'influence du souverain, ont un écueil de moins à craindre; elles ne peuvent se passer d'organes, et si ces organes ne sont purs, que peut la sagesse qui les a dictées?

Les nations sont liées par les traités conclus par leurs gouvernements, quels qu'ils soient.

Un peuple libre, à moins qu'il ne laisse prévaloir le désir d'humilier et de faire injure, ne peut souhaiter de voir une autre nation dans l'esclavage.

Une nation ne doit jamais rien faire contre l'honneur, car dans ce cas elle serait la dernière de toutes ; il vaudrait mieux périr.

J'ai une bien médiocre opinion d'un gouvernement qui n'a pas le pouvoir d'interdire les choses capables de déplaire aux gouvernements étrangers.

Heureuses les nations lorsque, arrivées à un haut point de prospérité, elles ont des gouvernements sages, qui n'exposent pas tant d'avantages aux caprices et aux vicissitudes d'un seul coup de la fortune !

Qu'est-ce que le gouvernement ? Rien, s'il n'a pas l'opinion.

L'opinion publique est une puissance invisible, mystérieuse, à laquelle rien ne résiste ; rien n'est plus mobile, plus vague et plus fort ; et toute capricieuse qu'elle est, elle est cependant vraie, raisonnable, juste, beaucoup plus souvent qu'on ne pense.

Pour que l'opinion soit bien dirigée, il faut

que le gouvernement lui donne l'impulsion, et que cette impulsion soit partout la même.

Je respecterai les jugements de l'opinion publique quand ils seront légitimes; mais elle a des caprices qu'il faut savoir mépriser. C'est au gouvernement et à ceux qui en font partie de l'éclairer, non de la suivre dans ses écarts.

Les révolutions ne peuvent avoir qu'une seule cause déterminante, l'injustice; je défie qu'on en trouve une autre; gouvernez avec équité, vous n'aurez pas de révolution. Pour moi, je ne redouterais pas l'opinion, cette reine du monde, s'il m'était possible de lui livrer bataille à coups de canon; mais je n'ai point d'artillerie capable de l'atteindre. Que faire? La gagner par la justice et l'équité : agir autrement sur elle serait folie. On ne l'emprisonne pas; si on la comprime, elle réagit tôt ou tard.

L'opinion publique est le thermomètre que doit sans cesse consulter un souverain.

La liberté ou la limitation de la presse est une question interminable et qui n'admet point de demi-mesure. Ce n'est pas le principe en lui-même qui apporte la grande difficulté, mais bien les circonstances sur lesquelles on aura à faire l'application de ce principe pris dans le sens abstrait.

En France, où la nation est douée d'une conception prompte, d'une imagination vive et susceptible d'impressions fortes et simultanées, la liberté de la presse aurait de funestes résultats.

On comprend que dans son propre pays on se

décide à supporter les inconvénients de la liberté d'écrire, en considération des avantages qu'elle procure; c'est là une question tout intérieure, dans laquelle chaque nation est juge de ce qu'il lui convient de faire. Mais on ne doit jamais souffrir que la presse quotidienne injurie les gouvernements étrangers, et altère ainsi les relations d'État à État. Ce serait un abus grave, un danger sans compensation.

Pensez-vous que dans la position où se trouve la France il n'y aurait pas de graves dangers à permettre des réunions et à laisser déclamer dans des tribunes populaires ou sur les places publiques contre le gouvernement? Votre devoir serait de l'empêcher. Eh bien, soyez donc conséquents; car en vous demandant de soumettre la presse à des règlements de police, je ne désire autre chose que d'être autorisé à dissoudre les associations dangereuses et à faire taire les orateurs dangereux. Un journaliste n'est-il pas un harangueur? Ses abonnés ne forment-ils pas un véritable club? Ce qu'il imprime n'est-il pas lu d'abord par eux, et chacun d'eux ne forme-t-il pas des sociétés particulières dont il devient à son tour l'orateur? Vous voulez que j'interdise des discours qui peuvent être entendus de quatre ou cinq cents personnes au plus, et que j'en permette qui le soient de plusieurs milliers!... La liberté illimitée des journaux rétablirait bien vite l'anarchie dans un pays qui conserve tant d'éléments de trouble et de discorde.

Quand dans un État, surtout dans un petit, l'on s'accoutume à condamner sans entendre, à applaudir d'autant plus à un discours qu'il est plus furieux; quand on appelle vertu l'exagération et la fureur, et crime la modération, cet État-là est près de sa ruine.

Tous les systèmes trouvent des apologistes en France.

Malgré notre orgueil, nos mille et une brochures, nos harangues à perte de vue et très-bavardes, nous sommes très-ignorants dans la science politique morale.

Le mépris des lois et l'ébranlement de l'ordre social ne sont que le résultat de la faiblesse et de l'incertitude des princes.

La faiblesse du pouvoir suprême est la plus affreuse calamité des peuples.

C'est l'indécision et l'anarchie dans les moteurs qui amènent l'anarchie et la faiblesse dans les résultats.

Le courage et les vertus conservent les États; la lâcheté et les vices les ruinent.

Pauvres nations! En dépit de toutes vos lumières, de toute votre sagesse, vous demeurez soumises aux caprices de la mode comme de simples individus!

La chute des empires, comme celle des corps graves, s'accélère par son poids, et les derniers coups abattent vite.

L'union de tous les corps de l'État est pour la nation une garantie de stabilité et de bonheur.

Si un gouvernement trop fort a des inconvénients, un gouvernement faible en a bien davantage.

Un souverain faible est une calamité pour ses peuples. S'il laisse croire aux méchants et aux traîtres qu'il ne sait point punir, il n'y a plus de sûreté pour l'État ni pour les citoyens.

Une couronne déshonorée est un horrible fardeau.

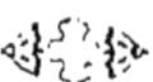

Qui craint de perdre sa gloire est sûr de la perdre.

Les courtisans consommés méprisent l'idole qu'ils semblent adorer, et sont toujours prêts à la briser.

Un roi doit se défendre et mourir dans ses

États. Un roi émigré et vagabond est un sot personnage.

Il ne faut pas mépriser les prétendants; ils n'ont point de valeur aussi longtemps qu'on a la fortune pour soi, mais ils deviennent un danger de tous les instants au jour des revers. Qui pensait au comte de Lille le lendemain d'Austerlitz et de Friedland?

Il n'y a qu'un roi fainéant et méchant qui s'associe aux passions vulgaires de ses inférieurs quand il peut les comprimer.

En général, il est de principe politique de ne donner bonne opinion de sa bonté qu'après s'être montré sévère pour les méchants.

La force et la justice sévère sont la bonté des rois.

La sévérité prévient plus de fautes qu'elle n'en réprime.

Aimer, chez les peuples, veut dire estimer, et ils estiment leur prince quand il est redouté des méchants, et que les bons ont en lui une telle confiance, qu'il peut, dans tous les événements, compter sur leur fidélité et sur leur secours.

Qui peut ici-bas délier les sujets de leur serment d'obéissance au souverain institué par les lois? Personne.

Un Français ne doit verser son sang que pour son prince et pour sa patrie.

La gloire et le bonheur du citoyen doivent se

taire quand l'intérêt de l'État et la bienveillance publique l'appellent.

Il faut que l'indulgence descende de haut en bas, si l'on veut la voir monter ensuite de bas en haut : les peuples n'accordent leur affection qu'au pouvoir fort qui les protége.

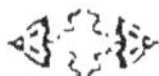

Le droit de grâce est un des plus beaux et des plus nobles attributs de la souveraineté. Pour ne pas le discréditer, il ne faut l'exercer que dans le cas où la clémence royale ne peut déconsidérer l'œuvre de la justice ; que dans le cas où la clémence royale doit laisser, après les actes qui émanent d'elle, l'idée de sentiments généreux.

C'est dans les condamnations pour contraventions aux lois de fiscalité, c'est plus particulièrement encore dans celles qui ont lieu pour des délits politiques, que la clémence est bien placée. En ces matières, il est de principe que si c'est le souverain qui est attaqué, il y a de la grandeur dans le pardon. Au premier bruit d'un délit de ce genre, l'intérêt public se range du côté du coupable, et point de celui d'où doit partir la punition. Si le prince fait la remise de la peine, les peuples le placent au-dessus de l'offense, et la clameur se lève contre ceux qui l'ont offensé. S'il suit le système opposé, on le répute haineux et tyran; s'il fait grâce à des crimes horribles, on le répute faible ou malintentionné.

Ne croyez pas que le droit de faire grâce puisse être exercé impunément, et que la société applaudisse toujours à l'usage qu'en peut faire le monarque. Elle le blâme lorsqu'il l'applique à des scélérats, à des meurtriers, parce que ce droit devient nuisible à la famille sociale.

En politique, ce qui importe le plus, ce n'est

pas la valeur de ce qu'on prend ou de ce qu'on donne, c'est le degré d'autorité qu'on exerce et qu'on paraît exercer.

Les rois ne s'attachent qu'en raison des bienfaits dont ils comblent, et jamais en raison des services qu'on leur rend; et cela parce que, dans le premier cas, ils aiment leur création, et que, dans le second, leur amour-propre se révolte à la pensée qu'ils sont les obligés; car c'est toujours se placer en infériorité que de se reconnaître l'obligé de quelqu'un.

C'est en blessant l'amour-propre des princes qu'on influe le plus sur leurs déterminations.

L'immoralité est, sans contredit, la disposition la plus funeste qui puisse se trouver dans le souverain, en ce qu'il la met aussitôt à la mode, qu'on s'en fait honneur pour lui plaire, qu'elle fortifie tous les vices, entame toutes les vertus, infecte toute la société comme une véritable peste; c'est le fléau d'une nation. La morale publique, au contraire, est le complément naturel de toutes les lois, elle est à elle seule tout un code.

La moralité publique est du domaine spécial de la raison et des lumières; elle en est le résultat naturel, et l'on ne saurait plus faire rétrograder celles-ci. Pour reproduire les scandales et les turpitudes des temps passés, la consécration des doubles adultères, le libertinage de la régence, les débauches du règne qui a suivi, il faudrait reproduire aussi toutes les circonstances d'alors, ce qui est impossible; il faudrait ramener l'oisiveté absolue de la première classe, qui ne pouvait avoir d'autre occupation que les rapports licencieux des sexes; il faudrait détruire dans la classe moyenne ce ferment industriel qui agite aujourd'hui toutes les imaginations, agrandit toutes les idées, élève toutes les âmes; il faudrait enfin replonger les dernières classes dans cet avilissement et cette dégradation qui les réduisaient à n'être que de véritables bêtes de somme : or tout cela est désormais impossible. Les mœurs publiques sont donc en hausse, et l'on peut dire qu'elles s'amélioreront graduellement par tout le globe.

Le ciel ne donne aux nations des princes vicieux ou aliénés que pour châtier et abaisser leur orgueil.

Un roi emploie quelquefois l'échafaud, mais ce mot ne sort jamais de sa bouche.

Dans un gouvernement ce ne sont pas les petits qu'il faut surveiller, ce sont les grands; c'est vers ces derniers qu'il importe de porter toute son attention. Discontinuez de brider les grands, en moins de rien ils envahiront le souverain.

Pourquoi se préoccuper tant du riche? Le riche a tous les avantages de la société; sa position de fortune ne le protége que trop. La force, l'avenir d'un gouvernement, la puissance d'un trône sont dans les petits, et les dangers qui peuvent les menacer sont dans les grands. Souverains, protégez donc les petits, si vous voulez qu'à leur tour ils vous protégent.

L'atmosphère des cours est trop nébuleuse pour que, quoi qu'on fasse, il soit possible de rester constamment dans la bonne route. Le bon choix est une loterie pour le souverain; l'intrigue trouve sans relâche à miner la route sous les pas du mérite.

Il faut que la loi et l'action du gouvernement soient égales pour tous; que les honneurs et les récompenses tombent sur les hommes qui, aux yeux de tous, en paraissent les plus dignes. On pardonne au mérite, on ne pardonne pas à l'intrigue.

Où il n'y a pas un homme, peuple ou souverain, qui sache distinguer les diamants parmi la multitude des cailloux et les ramasser pour s'en faire une auréole; là où il n'y a ni protection ni avenir qui élargissent les talents, les génies meurent qu'ils sont à peine nés.

Quand on veut absolument des places, on se trouve déjà vendu d'avance. Cet amour dans un peuple est le plus grand échec que puisse éprouver sa moralité.

Quand on en est arrivé, dans une certaine classe, à solliciter des emplois pour de l'argent, il n'est plus pour une nation de véritable indépendance, de noblesse, de dignité dans le caractère.

Nous ne vaudrons tout notre prix que lorsque nous substituerons les principes à la turbulence, l'orgueil à la vanité, et surtout l'amour des institutions à l'amour des places.

L'art le plus difficile n'est pas de choisir les hommes, mais de donner aux hommes qu'on a choisis toute la valeur qu'ils peuvent avoir.

Un gouvernement, en appelant à soi toutes les intelligences, agit dans son propre intérêt, et travaille à l'affermissement de l'édifice social. Tous les citoyens doivent être intéressés à la sûreté de l'État..... Il ne faut pas que la soumission soit la conséquence de l'ignorance ou de l'abrutissement.

Il ne faut pas prendre l'homme à qui la place convient, mais l'homme qui convient à la place.

Il faut que les émoluments des employés leur permettent une représentation analogue à l'importance de leurs fonctions. Les Français doivent conserver partout l'attitude qui convient aux représentants de la première nation du monde.

Un fonctionnaire français doit faire envie partout, jamais pitié.

La France fourmille d'hommes pratiques très-capables; le tout est de les trouver et de leur donner le moyen de parvenir. Tel est à la charrue, qui devrait être au conseil d'État; tel est ministre, qui devrait être à la charrue.

Les grands orateurs qui dominent les assemblées par l'éclat de leur parole sont, en général, les hommes politiques les plus médiocres : il ne faut pas les combattre par des paroles, ils en ont toujours de plus ronflantes que les vôtres; il faut opposer à leur faconde un raisonnement serré, logique; leur force est dans le vague, il faut les ramener dans la réalité des faits; la pratique les tue.

Le souverain ne doit pas faire mention dans ses actes de ce que le public pense ou ne pense pas, ni lui prêter sur le gouvernement telle ou telle opinion; car les lecteurs prendraient toujours le contre-pied.

L'économie est la première condition d'un règne heureux.

Sans l'ordre, l'administration n'est qu'un chaos ; point de finances, point de crédit public, et avec la fortune de l'État s'écroulent les fortunes particulières.

En fait d'administration, l'expérience est tout.

C'est un principe de gouvernement qu'un prince doit le moins possible changer ses ministres, et ne le doit jamais faire que pour de graves motifs.

Je conçois une mauvaise opinion d'un gouvernement dont tous les édits sont rédigés par le bel esprit. L'art est que chaque édit ait le style et le caractère de l'homme du métier.

Il est des personnes qui ont reçu de la nature le don d'écrire et de bien exprimer leurs pensées, comme d'autres ont le génie de la musique, de la peinture, de la sculpture. Pour les affaires publiques, administratives et militaires, il faut une forte pensée, une analyse profonde et la faculté de pouvoir fixer longtemps les objets sans être fatigué.

Les hommes qui ont changé l'univers n'y sont jamais parvenus en gagnant des chefs, mais toujours en remuant des masses. Le premier moyen est du ressort de l'intrigue, et n'amène qu'à des résultats secondaires ; le second est la marche du génie et change la face du monde.

Aux yeux des fondateurs des grands empires, les hommes ne sont pas des hommes, ce sont des instruments.

La France est le pays où les chefs ont le moins d'influence : s'appuyer sur eux, c'est bâtir sur le sable. On ne fait de grandes choses en France qu'en s'appuyant sur les masses ; d'ailleurs, un gouvernement doit aller chercher son appui là où il est.

Le peuple, qui est merveilleusement propre à distinguer ceux qui méritent sa confiance, ne l'est pas à assigner le genre de fonctions qu'ils doivent occuper.

Les Français ont plus besoin d'égalité que de liberté. C'est l'inverse en Angleterre, où la révolution n'a pas détruit les anciennes castes qui l'ont faite au profit du peuple comme au leur, et qui ont eu l'habileté de placer leurs antiques prérogatives sous la sauvegarde de la reconnaissance nationale ; à la différence de la noblesse française, qui a péri pour avoir voulu, au commencement de la révolution, séparer ses intérêts de ceux de la majorité de la nation qui l'avait faite.

Un peuple libre est celui qui respecte, avant tout, les personnes et les propriétés.

Le grand principe de la révolution française est l'égalité civile, c'est-à-dire la justice distributive en toutes choses, législation, tribunaux, administration, impôt, service militaire, distribution des emplois, etc. Aujourd'hui, tout département est l'égal de tout département; tout Français est l'égal d'un autre Français; tout citoyen obéit à la même loi, comparaît devant le même juge, subit le même châtiment, reçoit la même récompense, paye le même impôt, fournit le même service militaîre, arrive aux mêmes grades, quelle que soit sa naissance, sa religion ou son lieu d'origine. Voilà le grand résultat social de la révolution, pour lequel il valait la peine de souffrir ce qu'on a souffert, et qu'il faut maintenir invariablement. Après ce résultat, il en est un autre à maintenir avec une égale vigueur, c'est la grandeur de la France. Les cris de la presse, les éclats de la tribune, tout cela ne nous va plus, tout cela nous ira peut-être dans d'autres temps. Maintenant il nous faut de l'ordre, du repos, de la prospérité, des affaires bien conduites, et la conservation de notre grandeur extérieure.

Je ne crains pas de chercher des exemples et des règles dans les temps passés. En conservant tout ce que la révolution a pu produire de nouveautés utiles, je ne renonce pas aux bonnes institutions qu'elle a eu le tort de détruire.

Le peuple français a deux passions également puissantes qui paraissent opposées, et qui cependant dérivent du même sentiment, c'est l'amour de l'égalité et l'amour des distinctions. Un gouvernement ne peut satisfaire à ces deux besoins que par une excessive justice.

Les nations ne doivent pas plus chercher à se singulariser que les individus. L'affectation de faire autrement que tout le monde est une affectation réprouvée par les gens sensés et surtout par les gens modestes. Les cordons sont en usage dans tous les pays ; qu'ils soient en usage en France ! Ce sera un rapport de plus établi avec l'Europe. Seulement on ne les donnait en France, on ne les donne chez nos voisins qu'à l'homme bien né ; je les donnerai à l'homme qui aura le mieux servi dans l'armée et dans l'État, ou qui aura produit les plus beaux ouvrages.

Voyez ces vaines futilités que les esprits forts dédaignent tant ! Le peuple n'est pas de leur avis : il aime ces cordons de toutes couleurs, comme il aime les pompes religieuses. Les philosophes démocrates appellent cela vanité, idolâtrie. Idolâtrie, vanité, soit. Mais cette idolâtrie, cette vanité sont des faiblesses communes à tout le genre humain, et de l'une et de l'autre on peut faire sortir de grandes vertus. Avec ces hochets tant dédaignés on fait des héros. A l'une comme à l'autre de ces prétendues faiblesses il faut des signes extérieurs; il faut un culte au sentiment religieux; il faut des distinctions visibles au noble sentiment de la gloire.

Chez nous, les places d'honneur appartiennent de droit, non à la faveur, non à la naissance, mais invariablement au mérite personnel. Tous les grades, sans exception, sont une propriété publique à laquelle chacun peut prétendre. Le dernier soldat sait qu'il peut arriver à être maréchal, à force de services rendus sur les champs de bataille. Le fils du noble et le fils du paysan, le riche comme le pauvre, savent qu'ils doivent conquérir la gloire, qu'ils doivent acquérir aux mêmes titres les grades, les décorations et les dignités. A l'armée, le principe de l'égalité est pratiqué dans son acception la plus absolue; le mérite seul y classe les hommes, et l'armée française est devenue par sa renommée le point de mire du monde entier. Au civil, ce mode reçoit la même application. Je ne demande jamais à un homme : Qui es-tu? Je lui demande : Qu'as-tu fait? Mon avénement au pouvoir suprême a été l'avénement de toutes les capacités aux affaires du pays... Voyez ce qu'est devenue la France!

Toutes les professions sont utiles à l'État; conséquemment aucune ne doit être avilie. Les grades civils et militaires doivent se correspondre, et non se primer.

L'institution d'une noblesse nationale n'est pas contraire à l'égalité, elle est nécessaire au maintien de l'ordre social; aucun ordre social ne peut être fondé sur la loi agraire; le principe de la propriété et de la transmission par contrat de vente, donation entre-vifs ou acte testamentaire, est un principe fondamental qui ne déroge pas à l'égalité. De ce principe dérive la convention de transmettre de père en fils le souvenir des services rendus à l'État. La fortune peut être quelquefois acquise par des moyens honteux et criminels. Les titres acquis par des services rendus à l'État sortent toujours d'une source pure et honorable; leur transmission à sa postérité n'est qu'une justice.

Chez les peuples et dans les révolutions, l'aristocratie existe toujours; la détruisez-vous dans la noblesse, elle se place aussitôt dans les maisons riches et puissantes du tiers état; la détruisez-vous dans celles-ci, elle surnage et se réfugie dans les chefs d'atelier et du peuple. Un prince ne gagne rien à ce déplacement de l'aristocratie; il remet au contraire tout en ordre en la laissant subsister dans son état naturel, en reconstituant les anciennes maisons sur les nouveaux principes.

Dans tous les pays civilisés, la force cède aux qualités civiles. Les baïonnettes se baissent devant le prêtre qui parle au nom du ciel et devant l'homme qui impose par sa science.

Le propre du militaire est de tout vouloir despotiquement ; celui de l'homme civil est de tout soumettre à la discussion, à la vérité, à la raison. Je n'hésite donc pas à penser, en fait de prééminence, qu'elle appartient incontestablement au civil.

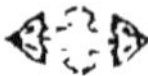

L'égalité doit être sans réserve ni restriction aucune devant la loi ; hors de là, elle n'est qu'un rêve, qu'une déception.

Les droits de la liberté cessent où ses abus commencent.

J'ai semé la liberté à pleines mains partout où j'ai implanté mon Code civil.

On ne saurait désormais détruire ou effacer les grands principes de notre révolution : ces grandes et belles vérités doivent demeurer à jamais, tant nous les avons entrelacées de lustre, de monuments, de prodiges ; nous en avons noyé les premières souillures dans des flots de gloire ; elles sont désormais immortelles ! Sorties de la tribune française, cimentées du sang des batailles, décorées des lauriers de la victoire, saluées des acclamations des peuples, sanctionnées par les traités, les alliances des souverains, devenues familières aux oreilles comme à la bouche des rois, elles ne sauraient plus rétrograder. Elles vivent dans la Grande-Bretagne, elles éclairent l'Amérique, elles sont nationalisées en France : voilà le trépied d'où jaillira la lumière du monde.

J'ai toujours voulu la paix, et toujours je l'ai offerte après une victoire. Jamais je ne l'ai demandée après un revers, parce qu'une nation recouvre plus aisément des hommes qu'elle ne recouvre l'honneur.

La guerre vaut mieux qu'une paix éphémère.

Quand la guerre est engagée, la présence d'un corps délibérant est aussi embarrassante que funeste. Il lui faut des victoires. Que le monarque ait des revers, la terreur s'empare des gens timides et les rend, à leur insu, l'instrument et les complices des hommes audacieux. La crainte du péril, l'envie de s'y soustraire, dérangent toutes les têtes; la raison n'est plus rien, les sensations physiques sont tout. Les turbulents, les ambitieux, avides de bruit, de popularité, de domination, s'érigent, de leur propre autorité, en avocats du peuple, en conseillers du prince : ils veulent tout savoir, tout régler, tout diriger. Si on n'écoute point leurs conseils, de conseillers ils deviennent censeurs, de censeurs factieux, et de factieux rebelles. Il faut alors ou que le prince subisse leur joug, ou qu'il les chasse ; et dans l'un ou l'autre cas, il compromet presque toujours sa couronne et l'État.

Jamais les assemblées n'ont réuni prudence et énergie, sagesse et vigueur.

Telle est la marche inévitable de ces corps nombreux (les Chambres), ils périssent par défaut d'unité ; il leur faut des chefs aussi bien qu'aux armées. On nomme à celles-ci ; mais les grands talents, les génies éminemment supérieurs se saisissent des assemblées et les gouvernent.

Ce serait une prétention chimérique et même criminelle de vouloir représenter la nation avant l'Empereur.

Chaque peuple a ses usages, et il n'est que trop dans l'habitude des Français de rapporter tout aux leurs et de se donner pour modèles.

Le caractère distinctif de notre nation est d'être beaucoup trop vif dans la prospérité.

La nation française est la plus facile à gouverner quand on ne la prend pas à rebours; rien n'égale sa compréhension prompte et facile; elle distingue à l'instant même ceux qui travaillent pour elle ou contre elle ; mais aussi il faut toujours parler à ses sens, sinon son esprit inquiet la ronge, elle fermente et s'emporte.

Paris doit être la première ville du monde; si Dieu m'accorde une assez longue vie, je veux qu'il devienne la capitale de l'univers par l'ascendant de la science et du pouvoir.

Ce ne sont plus les accents de la terreur qu'il faut faire entendre aux Français. Ils aiment l'honneur, ils aiment la patrie; ils aimeront un gouvernement qui ne veut exister que pour l'un et pour l'autre.

Les Français sont peut-être la seule nation qui, dans tous les rangs de la société, puisse être mue aussi puissamment par le ressort de l'honneur.

Si l'on prend pour base de toutes les opérations la vraie politique, qui n'est que le résultat du calcul, des combinaisons et des chances, nous serons pour longtemps la grande nation et l'arbitre de l'Europe ; je dis plus, nous tenons la balance, nous la ferons pencher comme nous voudrons, et même je ne vois pas d'impossibilité à ce que l'on arrive, en peu d'années, à ces grands résultats que l'imagination échauffée et enthousiaste entrevoit, et que l'homme extrêmement froid, constant et raisonné, atteindra seul.

Tout homme qui estime la vie plus que la gloire nationale et l'estime de ses camarades ne doit pas faire partie de l'armée française.

Il n'est rien qu'on n'obtienne des Français par l'appât du danger : c'est leur héritage gaulois. La vaillance, l'amour de la gloire, sont chez les Français un instinct, une espèce de sixième sens.

La guerre est comme le gouvernement, c'est une affaire de tact.

La guerre est un jeu sérieux dans lequel on compromet sa réputation, ses troupes et son pays. Quand on est raisonnable, on doit se sentir et connaître si l'on est fait pour le métier.

Quelles sont les conditions de la supériorité d'une armée? son organisation intérieure; l'habitude de la guerre dans l'officier et dans le soldat; la confiance de tous en eux-mêmes, c'est-à-dire la bravoure, la patience et tout ce que l'idée de soi donne de moyens moraux.

La guerre est l'art de se diviser pour vivre, et de se concentrer pour combattre.

Tout l'art de la guerre consiste dans une défense bien ordonnée et extrêmement circonspecte, et dans une offensive audacieuse et rapide.

Rien n'est plus contraire aux règles militaires que de faire connaître la force de son armée, soit dans des ordres du jour, soit dans des proclamations, soit dans les gazettes; lorsqu'on est induit à parler de ses forces, on doit les exagérer à les rendre redoutables en en doublant ou en en triplant le nombre; et au contraire, lorsqu'on parle de la force de l'ennemi, on doit la diminuer de la moitié ou du tiers : à la guerre, tout est moral.

A la guerre, le moral et l'opinion font plus de la moitié de la réalité.

A la guerre, la fortune est de moitié dans tout. Si l'on attendait toujours une réunion complète de circonstances favorables, on ne terminerait rien.

Le sort d'une bataille est le résultat d'un instant, d'une pensée. On s'approche avec des combinaisons diverses; on se mêle, on se bat un certain temps; le moment décisif se présente, une étincelle morale prononce, et la plus petite réserve accomplit.

Achille était fils d'une déesse et d'un mortel : c'est l'image du génie de la guerre. La partie divine, c'est tout ce qui dérive des considérations morales du caractère, du talent, de l'intérêt de votre adversaire, de l'opinion, de l'esprit du soldat, qui est fort et vainqueur, faible et battu, selon qu'il croit l'être; la partie terrestre, c'est les armes, les retranchements, les positions, les ordres de bataille, tout ce qui tient à la combinaison des choses matérielles.

Le général qui fait les plus grandes choses est celui qui réunit les plus grandes qualités civiles.

Le génie militaire est un don du ciel ; mais la qualité la plus essentielle d'un général en chef est la fermeté de caractère et la résolution de vaincre à tout prix.

La gloire et l'honneur des armes est le premier devoir qu'un général qui livre bataille doit considérer ; le salut et la conservation des hommes n'est que secondaire ; mais c'est aussi dans cette audace, dans cette opiniâtreté que se trouvent le salut et la conservation des hommes.

La première qualité d'un général en chef est d'avoir une tête froide, qui reçoive des impressions justes des objets, qui ne s'échauffe jamais, ne se laisse pas éblouir, enivrer par les bonnes ou mauvaises nouvelles; que les sensations successives ou simultanées qu'il reçoit dans le cours d'une journée s'y classent et n'occupent que la place juste qu'elles méritent d'occuper, car le bon sens, la raison, sont le résultat de la comparaison de plusieurs sensations prises en égale considération.

La vraie sagesse pour un général est une détermination énergique.

Les tâtonnements, les *mezzo termine*, perdent tout à la guerre.

L'alarme abat les esprits et paralyse le courage.

L'esprit d'un général devrait ressembler, pour la propriété et pour la clarté, au verre d'un télescope de campagne, et ne jamais se faire de tableaux.

Un général qui voit par les yeux des autres ne sera jamais en état de commander une armée comme elle devrait l'être.

Tous les généraux sont susceptibles de se tromper; celui qui commet le moins de fautes doit être estimé le plus grand et le plus habile.

Pour ne pas être étonné d'obtenir des victoires, il ne faut songer qu'à des défaites.

A la guerre, un grand désastre désigne toujours un grand coupable.

Rien ne peut excuser un général de profiter des lumières acquises au service de sa patrie pour la combattre et en livrer les boulevards aux nations étrangères. Ce grand crime est réprouvé par les principes de la religion, de la morale et de l'honneur.

Il ne saurait y avoir ni transaction ni indulgence pour le général qui a l'infamie de se prostituer à l'étranger.

Les plaies faites à l'honneur ne guérissent point ; l'effet moral en est terrible.

Dans une armée française, la plus forte punition est la honte.

Les défaites mêmes laissent après elles le respect de l'adversité, quand elles s'associent à une magnanime constance.

L'homme de génie se retrouve toujours, après une faute comme après un malheur.

On célèbre une victoire, mais on pleure sur les victimes, même ennemies.

Les louanges des ennemis sont suspectes ; elles ne peuvent flatter un homme d'honneur que lorsqu'elles sont données après la cessation des hostilités.

Les premières qualités du soldat sont la constance et la discipline; la valeur n'est que la seconde.

Le courage est comme l'amour : il veut de l'espérance pour nourriture.

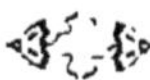

Les règles rigoureuses de la discipline militaire sont nécessaires pour garantir l'armée des défaites, du carnage et surtout du déshonneur; il faut qu'elle regarde le déshonneur comme plus affreux que la mort.

Quand un soldat a été avili et déshonoré par le fouet, il se soucie fort peu de la gloire et de l'honneur de son pays.

Un homme qui n'a pas de considération pour les besoins du soldat ne devrait jamais les commander.

Quand une ville est en état de siége, un militaire devient une espèce de magistrat et doit se conduire avec la modération et la décence qu'exigent les circonstances.

On peut bien tuer les Français, mais on ne les intimide pas.

Unie, la nation française n'a jamais été vaincue.

Une grande capitale est la patrie de l'élite de la nation; tous les grands y ont leur domicile, leur famille; c'est le centre de l'opinion, le dépôt de tout. C'est la plus grande des contradictions et des inconséquences que de laisser un point aussi important sans défense immédiate.

L'amour de la gloire est l'héritage d'un Français.

Les Français seront toujours les premiers soldats de l'Europe. La raison en est qu'au milieu du péril et sous une grêle de balles ils sont toujours prêts à éclater de rire, si l'occasion s'en présente. On ne saurait croire combien cet heureux caractère leur donne d'avantage sur les soldats des autres nations. Ceux-ci, plus réfléchis, sont tout au danger de leur position, et s'en effacent, parce qu'ils le calculent. Les Français, au contraire, souvent à tout autre chose qu'aux périls qui les environnent, ne pensent point à s'y soustraire.

Nos troupes se portent volontiers en avant : la guerre d'invasion leur plaît. Mais une défensive stationnaire et prolongée n'est pas dans le génie français.

Violer les traités militaires, c'est renoncer à toute civilisation, c'est se mettre sur la même ligne que les Bédouins du désert.

Le principe de toute négociation de suspension d'armes est que chacun reste dans la position où il se trouve ; les lignes de démarcation sont ensuite l'application de ce principe.

Suivant l'usage de toutes les nations, l'intervalle entre la signature d'un traité et sa ratification doit toujours être une suspension d'hostilités.

La paix est le premier des besoins comme la première des gloires.

Lorsqu'il s'agit de traités, un ambassadeur doit tirer avantage de tout pour travailler au bien-être de son pays.

La paix doit être le résultat d'un système bien réfléchi, fondé sur les vrais intérêts des différents pays, honorable à tous, et ne peut pas être ni une capitulation, ni le résultat d'une menace.

Toute puissance qui entre en négociation veut tout ce qu'elle peut obtenir. Lorsqu'il y a un médiateur, il s'interpose entre les volontés opposées, afin de les rapprocher. Telle est sa mission; sa gloire est d'y réussir.

Le temps est l'élément le plus nécessaire quand il s'agit de s'entendre; le temps est un élément inutile pour un médiateur qui a pris d'avance son parti.

L'Europe ne sera tranquille que lorsque les choses seront ainsi : les limites naturelles.

Reconnaître la vérité est un don du ciel et le caractère propre d'un excellent esprit; mais il n'est personne qui ne puisse rejeter tout de suite le mensonge. Ce qui est faux répugne et se reconnaît à une simple vue.

Ce qui est bon, ce qui est beau, est toujours le résultat d'un système simple et uniforme.

Il n'y a de beau que ce qui est grand ; l'étendue et l'immensité peuvent faire oublier bien des défauts.

L'intelligence a ses droits avant ceux de la force ; la force elle-même n'est rien sans l'intelligence. Dans les temps héroïques, le général, c'était l'homme le plus fort ; dans les temps civilisés, le général, c'est le plus intelligent des braves.

Il existe aujourd'hui tant d'esprit, qu'il domine aisément le bon sens et peut obscurcir à son gré les points les plus lumineux.

On demande comment il arrive que des malheurs encore incertains frappent parfois beaucoup plus que les malheurs déjà arrivés. C'est que dans l'imagination comme dans le calcul, la force de l'inconnu est incommensurable.

Une tête sans mémoire est une place sans garnison.

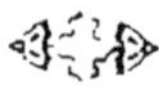

Tous les hommes sont égaux devant Dieu ; la sagesse, les talents et les vertus mettent seuls de la différence entre eux.

Le génie ne se transmet pas : depuis que le monde est monde, il n'y a pas eu, que je sache, deux grands poëtes, deux grands mathématiciens, deux grands conquérants, deux monarques de génie, dont l'un soit le fils de l'autre.

Le génie est une flamme tombée du ciel, mais qui trouve rarement une tête toute prête pour la recevoir.

La division du travail qui, chez nous, amène la perfection des ouvrages mécaniques, lui est tout à fait funeste dans les productions mentales : tout ouvrage d'esprit est d'autant plus supérieur que celui qui le produit est plus universel.

Le destin domine et semble défier toutes les combinaisons. Qui donc, parmi les hommes habitués à raisonner et observer, peut nier l'existence d'une puissance occulte qui groupe autour de nous les événements qui décident de notre bonheur ou de notre malheur en ce monde?... Sans doute il faut admettre les causes secondes... Ceux qui ne savent pas se servir des circonstances sont des niais; mais les plus sages ne commandent pas aux circonstances, ils sont maîtrisés par elles.

Le hasard, dont les anciens faisaient un dieu, qui nous étonne chaque jour, nous frappe à chaque instant, ne nous apparaît, après tout, si singulier, si bizarre, si extraordinaire, que parce que nous ignorons les causes secrètes et toutes naturelles qui l'ont amené; et pourtant il suffit de cette seule combinaison occulte pour créer du merveilleux et enfanter des mystères.

Misérables humains que nous sommes, nous ne pouvons qu'observer la nature et non la surmonter!

La curiosité n'existe que chez les peuples assez avancés pour distinguer ce qui est naturel de ce qui est extraordinaire.

La langue française n'est pas une langue faite : elle manque de mots. Elle est incomplète pour exprimer une foule de choses : l'impression de l'âme, une pensée forte. Elle est bien plutôt la langue de l'esprit que celle du génie.

De quelle erreur ne sont pas capables la vanité et l'amour-propre d'un homme ignorant !

Je regarde les savants et les hommes d'esprit comme des coquettes ; il faut les voir, causer avec eux, mais ne pas prendre plus les unes pour femmes que les autres pour ministres.

L'histoire nous prouve que tous les libelles tombent promptement dans le mépris. Que tous les libellistes parcourent ces fatras qui existent à la Bibliothèque nationale contre Henri IV et Louis XIV, ils seront humiliés de leur impuissance; ils n'ont laissé aucune trace.

Les vraies conquêtes, les seules qui ne donnent aucun regret, sont celles que l'on fait sur l'ignorance. L'occupation la plus honorable comme la plus utile pour les nations, c'est de contribuer à l'extension des idées humaines.

Les sciences, qui honorent l'esprit humain; les arts, qui embellissent la vie et transmettent les grandes actions à la postérité, doivent être spécialement honorés dans les gouvernements libres.

Les sciences, qui nous ont révélé tant de secrets, détruit tant de préjugés, sont appelées à nous rendre de plus grands services encore. De

nouvelles vérités, de nouvelles découvertes, nous révéleront des secrets plus essentiels encore au bonheur des hommes; mais il faut que nous aimions les savants et que nous protégions les sciences.

Tous les hommes de génie et tous ceux qui ont obtenu un rang dans la république des lettres sont frères, quel que soit le pays qui les ait vus naître.

La poésie est enfant de la société; la société seule, en se reformant au moyen de la tranquillité publique et du bonheur intérieur, peut, et cela commence déjà à arriver, ramener les poëtes au bon goût, à cette aménité et à cette fleur de grâce qui embellissent les lettres et les arts.

L'art du souverain, comme celui du ministre, est de donner de l'éclat aux bons ouvrages.

Un jeune homme qui a fait une ode digne d'éloge, et qui est distingué par le ministre, soit de l'obscurité. Le public le fixe, et c'est à lui à faire le reste.

De tous les beaux-arts, la musique est celui qui a le plus d'influence sur les passions, celui que le législateur doit le plus encourager. Un morceau de musique morale, et fait de main de maître, touche immanquablement le sentiment, et a beaucoup plus d'influence qu'un bon ouvrage de morale, qui convainc la raison sans influer sur nos habitudes.

Le seul encouragement raisonnable pour les poëtes, ce sont les places de l'Institut, parce qu'elles leur donnent un caractère dans l'État. Corneille a-t-il jamais eu de grandes faveurs de

la cour? Celles qui ont été accordées à Racine ont-elles inspiré ses chefs-d'œuvre?

J'aime la tragédie haute, sublime, comme l'a faite Corneille. Les grands hommes y sont plus vrais que dans l'histoire : on ne les y voit que dans les crises qui les développent, dans les moments de décision suprême, et on n'est pas surchargé de tout ce préparatoire de détails et de conjectures que les historiens nous donnent souvent à faux. C'est autant de gagné pour la gloire ; car il y a bien des misères dans l'homme, des fluctuations, des doutes : tout cela doit disparaître dans le héros. C'est la statue monumentale où ne s'aperçoivent plus les infirmités et les frissons de la chair ; c'est le Persée de Benvenuto Cellini, ce groupe correct et sublime, où l'on ne soupçonne guère, par ma foi, la présence du plomb vil et des assiettes d'étain que l'artiste en fureur avait jetés dans le moule bouillonnant pour en faire sortir son demi-dieu d'airain.

Je sais gré à la tragédie de grandir ainsi quelques hommes, ou plutôt de les rendre à leur vraie stature d'êtres supérieurs, dans un corps mortel. J'aurais voulu souvent que nos poëtes aient su faire cela pour les héros modernes. Pourquoi non? Le génie n'est pas rapetissé depuis César : mais nos poëtes n'ont rien entendu au génie moderne, pas plus à Henri IV qu'à Philippe le Bel.

Il faudrait que la tragédie fût l'école des rois et des peuples; c'est le point le plus élevé auquel un poëte puisse atteindre.

Les vers ne sont que la broderie de l'étoffe dramatique.

Les petites scènes d'amour sont usées pour la tragédie; notre époque grandit : il faut que tout grandisse avec elle.

Les hommes sont avides d'émotion; leur enthousiasme est acquis à qui sait habilement le provoquer.

La séduction arrive au cœur en passant par les yeux; on est toujours tenté de s'incliner devant ce qu'on admire.

L'histoire ne veut pas d'illusions; elle doit éclairer et instruire, et non pas seulement nous donner des descriptions et des récits qui nous impressionnent.

L'histoire doit savoir saisir les individus et les peuples tels qu'ils pouvaient se montrer au milieu de leur époque. Il faut tenir compte des circonstances extérieures qui durent nécessairement exercer une grande influence sur leurs actions, et voir clairement dans quelles limites s'exerçait cette influence.

Il faut en convenir, *les véritables vérités* sont bien difficiles à obtenir pour l'histoire. Heureusement que la plupart du temps elles sont bien plutôt un objet de curiosité que de réelle importance. Il est tant de vérités! Cette vérité historique, tant implorée, à laquelle chacun s'empresse d'en appeler, n'est trop souvent qu'un mot; elle est impossible au moment même des événements, dans la chaleur des passions croisées; et si plus tard on demeure d'accord, c'est que les intéressés, les contradicteurs ne sont plus. Mais qu'est alors cette vérité historique, la plupart du temps? Une fable convenue, ainsi qu'on l'a dit fort ingénieusement. Dans toutes ces affaires, il est deux portions essentielles fort distinctes : les faits matériels et les intentions morales. Les faits matériels sembleraient devoir être incontroversables, et pourtant, voyez s'il est deux relations qui se ressemblent ; il en est qui demeurent des procès éternels. Quant aux intentions morales, le moyen de s'y retrouver, en supposant même de la bonne foi dans les narrateurs? Et que sera-ce s'ils sont mus par la mauvaise foi, l'intérêt et la passion? J'ai donné un ordre; mais qui a pu lire le fond de ma pensée, ma véritable intention? Et pourtant chacun va se saisir de cet ordre, le mesurer à son échelle, le plier à son plan, à son système individuel. Voyez les diverses couleurs que va lui donner l'intrigant dont il gêne ou peut au contraire servir l'intrigue, la torsion qu'il va lui faire subir. Il en sera de même de l'important à qui les ministres ou le souverain auront confidentiellement laissé échapper quelque chose sur le sujet ; il en sera de même des nombreux oisifs du palais, qui, n'ayant rien de mieux à faire que d'écouter aux portes, inventent faute d'avoir entendu. Et chacun sera si sûr de ce qu'il racontera! Et les rangs inférieurs qui le tiendront de ces bouches privilégiées en seront si sûrs à leur tour! Et alors les mémoires, et les agendas, et les bons mots et les anecdotes de salon d'aller leur train ! Voilà pourtant l'histoire !

Les historiens rendent trop souvent l'histoire inintelligible par leur ignorance ou leur paresse. Quand ils ne comprennent pas ou ne savent pas, ils font de l'esprit, au lieu de faire des recherches qui leur apprendraient la vérité.

L'histoire peint le cœur humain ; c'est dans l'histoire qu'il faut chercher les avantages et les inconvénients des différentes législations.

Les journaux ne sont pas l'histoire, pas plus que les bulletins ne sont l'histoire.

Rien n'est plus curieux et plus ignoré que le passage des anciennes mœurs aux mœurs nouvelles, la transition des anciens États aux nouveaux fondés sur leurs ruines. On se figure, par exemple, que les anciens Gaulois étaient barbares : c'est une grande erreur; ce furent les barbares qui leur apportèrent la barbarie.

Dans les premiers âges de la monarchie française, des peuplades guerrières s'emparèrent des Gaules. La souveraineté, sans doute, ne fut pas organisée dans l'intérêt des Gaulois, qui furent esclaves ou n'eurent aucuns droits politiques; mais elle le fut dans l'intérêt de la peuplade conquérante. Il n'a donc jamais été vrai de dire, dans aucune période de l'histoire, même en Orient, que les peuples existassent pour les rois; partout il a été consacré que les rois n'existaient que pour les peuples. Une dynastie créée dans des circonstances qui ont créé de nouveaux intérêts, ayant intérêt au maintien de tous les droits et de toutes les propriétés, peut seule être naturelle et légitime, et avoir la confiance et la force, ces deux premiers caractères de tout gouvernement.

Un des plus grands soins de l'Institut et des hommes de lettres doit être de s'attacher à mettre une grande différence entre les empereurs romains et les fastes de notre histoire.

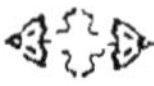

La révolution française fut un mouvement général de la masse de la nation contre la classe privilégiée. Les nobles occupaient toutes les places de la haute et basse justice, et jouissaient encore de plusieurs droits féodaux sous diverses formes; ils étaient exempts de supporter les charges de l'État, et en avaient tous les avantages par la possession exclusive de tous les emplois honorables et lucratifs. Le principal but de la révolution a été d'abolir ces priviléges, de faire disparaître ces abus, de détruire ce qui restait encore de l'ancien édifice féodal, de briser les derniers chaînons de l'esclavage du peuple, et d'assujettir également tous les citoyens à supporter les dépenses de l'État. Elle a établi l'égalité des droits. Tout citoyen peut parvenir à tous les emplois, selon ses talents. Avant la révolution, la France était composée de provinces divisées d'une manière irrégulière, et jamais l'étendue ni la population n'étaient égales entre elles. Ces provinces avaient un grand nombre de lois particulières pour l'administration de la justice civile et criminelle. C'était un assemblage de divers États qui n'étaient point encore amalgamés. La révolution a détruit toutes ces petites nations, pour en former une nouvelle. Elle a créé une France dont la division de territoire est homogène; elle a rendu les lois civiles et criminelles les mêmes dans tous les lieux, et a assujetti la France entière aux mêmes règlements et aux mêmes taxes. Par elle ont été effacées les traces des anciens priviléges des provinces et de leurs anciens parlements. La moitié de ce pays a changé de propriétaires. La France a enfin présenté le spectacle de trente millions d'habitants circonscrits dans leurs limites naturelles, composés d'une seule classe de citoyens et gouvernés par les mêmes lois, par les mêmes règlements et par le même ordre de choses.

L'Europe a son histoire, souvent tragique, consolante par intervalles. Mais dire qu'elle ait eu un droit universellement reconnu, et que ce droit ait été quelque chose dans son histoire, c'est se jouer avec les puissances de la crédulité publique. Dans tous les temps, la première loi de l'État a été sa sûreté, le gage de sa sûreté sa force, et la borne de sa force celle de l'intelligence qui en a été le dépositaire. Quand les grandes puissances ont proclamé une autre morale, elle n'a été qu'à leur usage, et les petites n'en ont pas connu le bienfait. La Pologne, Venise, ont disparu de la terre, sans que dans ces funérailles politiques les cours spectatrices aient vu autre chose que leurs propres pertes. Toutes les fois qu'elles ont partagé la dépouille ou obtenu ailleurs des compensations, elles ont cessé de crier à l'ambition. Mais ces compensations, elles les ont exigées tout haut au nom de la justice, et, dans le fait, au nom de la force. Voilà tout ce qu'il y a eu de réel dans le prétendu Code européen. Voilà ce que nos modernes ont appelé leur système d'équilibre; mot ridicule qui, aux guerres enfantées par l'ambition pure, a ajouté d'autres guerres; théorie trompeuse qui a fourni les prétextes aux iniquités, et qui n'a sauvé le faible que quand les forts n'ont pas su s'entendre contre lui. De la grande règle susdite il suit deux choses historiquement vraies comme elle : l'une, que chaque État s'attribue le droit de prendre en main les intérêts étrangers, quand ces intérêts sont tels qu'on n'y touche pas sans mettre en danger les siens; la seconde, que les autres cours ne lui reconnaissent le droit d'intervenir qu'à proportion de la force avec laquelle il le peut.

Les chiffres et les armes des souverains, apposés à leurs ouvrages, sont des dates que personne n'a le droit d'effacer. Que chacun marque ainsi ce qu'il a fait, je n'y vois aucun mal, l'art et la curiosité ne peuvent qu'y gagner. Ne voit-on pas dans Saint-Pierre de Rome les noms, les chiffres de tous les papes qui ont eu part à l'érection de ce grand monument? Je ne serais pas fâché qu'un jour mon nom se trouvât auprès de celui de Henri IV; on verrait qui de nous deux aura le plus fait pour le bien et la gloire de son pays.

Le temps est un élément nécessaire : quand Archimède se proposait de lever la terre avec un levier et un point d'appui, il demandait du temps. Dieu mit sept jours à créer l'univers.

Le principe qui peut plus peut moins est incontestable, lorsqu'il s'agit de choses du même ordre; mais il ne peut être appliqué lorsqu'il s'agit de choses d'un ordre différent; alors il faut aussi examiner si celui qui peut faire une chose peut aussi en faire une autre.

Nos facultés physiques s'aiguisent par nos périls ou nos besoins ; le Bédouin du désert a la vue perçante du lynx, et le sauvage des forêts a l'odorat des bêtes.

Il existe un lien entre l'animal et la Divinité. L'homme est seulement un animal plus parfait que le reste. Mais que savons-nous si les animaux n'ont pas un langage particulier? Mon opinion est qu'il y a de notre part présomption à assurer que non, parce que nous ne les entendons pas. Un cheval a de la mémoire, de la connaissance et de l'amour. Qui peut nier l'intelligence des chiens? Les plantes sont autant d'animaux qui mangent et boivent, et il existe des degrés jusqu'à l'homme qui est seulement le plus parfait de tous. Le même esprit les anime plus ou moins.

Le sommeil est la suspension momentanée des facultés sur lesquelles notre volonté exerce son pouvoir ; et la mort, la suspension durable, non-seulement de ces mêmes facultés, mais encore de celles sur lesquelles notre volonté est sans pouvoir.

L'homme lancé dans la vie se demande : D'où viens-je? qui suis-je? où vais-je? Ce sont ces questions mystérieuses, si difficiles à résoudre, qui nous portent vers la religion ; l'instruction nous arrête. L'histoire, voilà l'ennemi de la religion ; car elle éveille le doute dans notre âme.

Moi aussi je suis philosophe, et je sais que, dans une société telle qu'elle soit, nul homme ne saurait passer pour vertueux et juste, s'il ne sait d'où il vient et où il va. La simple raison ne saurait nous fixer là-dessus ; sans la religion, on marche continuellement dans les ténèbres, et la religion catholique est la seule qui donne à l'homme des lumières certaines sur son principe et sa fin dernière.

Les philosophes se tourmentent ; ils bâtissent des systèmes ; mais ils cherchent en vain une meilleure doctrine que celle du christianisme qui a réconcilié l'homme avec lui-même et garanti le repos et l'ordre public des peuples tout aussi bien que le bonheur et l'espérance des individus.

L'existence de Dieu nous est attestée par tout ce qui frappe notre imagination ; et si notre vue n'arrive pas jusqu'à lui, c'est qu'il n'a pas permis que notre intelligence allât jusque-là.

L'honnête homme ne doute jamais de l'existence de Dieu ; car si la raison ne suffit pas pour le comprendre, l'instinct de l'âme l'adopte. Tout ce qui tient à l'âme a sympathie avec le sentiment religieux.

Ce n'est pas le fanatisme qui est la maladie à craindre maintenant, mais l'athéisme.

Il n'est que Dieu, il n'est que la foi qui puisse atteindre et résoudre les hautes questions de la création du monde et de la destinée humaine.

Il est une vérité primitive qui remonte au berceau de l'homme, qu'on retrouve chez tous les peuples, écrite par le doigt de Dieu dans notre âme : la loi naturelle, d'où dérive le devoir, la justice, l'existence de Dieu, la connaissance de ce que c'est que l'homme composé d'un esprit et d'un corps. Une seule religion accepte pleinement la loi naturelle, une seule s'en approprie les principes, une seule en fait l'objet d'un enseignement perpétuel et public. Quelle est cette religion? Le christianisme.

Ou le fatalisme admet le libre arbitre, ou il le repousse. S'il l'admet, qu'est-ce qu'un résultat déjà fixé d'avance, vous dit-on, et que pourtant la moindre détermination, un seul pas, une seule parole vont faire varier à l'infini? Si le fatalisme, au contraire, n'admet pas le libre arbitre, c'est bien autre chose. Alors, quand vous venez au monde, il n'y a plus qu'à vous jeter dans votre berceau, sans vous donner aucun soin; s'il est irrévocablement fixé que vous vivrez, bien qu'on ne vous donne à boire ni à manger, vous grandirez toujours. Vous voyez bien que ce n'est pas une doctrine soutenable, ce n'est qu'un mot. Les Turcs eux-mêmes, ces patrons du fatalisme, n'en sont pas persuadés; autrement, il n'y aurait plus de médecine chez eux, et celui qui occupe un troisième étage ne se donnerait pas la peine de descendre longuement les escaliers, il descendrait tout de suite par la fenêtre, et vous voyez à quelle foule d'absurdités cela conduit.

L'homme aime le merveilleux; il a pour lui un charme irrésistible; il est toujours prêt à quitter celui dont il est entouré pour courir après celui qu'on forge. Il se prête lui-même à ce qu'on le trompe. Le vrai, c'est que tout est merveille autour de nous. Il n'est point de phénomène proprement dit; tout est phénomène dans la nature; mon existence est un phénomène; le bois qu'on met dans la cheminée et qui me chauffe est un phénomène; la lumière qui m'éclaire est un phénomène; toutes les causes premières, mon intelligence, mes facultés sont des phénomènes; car tout cela est, et nous ne savons le définir. Je vous quitte ici, me voilà à Paris, entrant à l'Opéra; je salue les spectateurs, j'entends les acclamations, je vois les acteurs, j'entends la musique. Or, si je puis franchir la distance de Sainte-Hélène, pourquoi ne franchirais-je pas la distance des siècles?

Pourquoi ne verrais-je pas l'avenir comme le passé? L'un serait-il plus extraordinaire, plus merveilleux que l'autre? Non, mais seulement cela n'est pas. Voilà le raisonnement qui détruira toujours, sans réplique, toutes les merveilles imaginaires. Tous ces charlatans disent des choses fort spirituelles, leurs raisonnements peuvent être justes, ils séduisent; seulement la conclusion est fausse, parce que les faits manquent.

Les systèmes de Gall et de Lavater peuvent également se soutenir. Ils s'appuient sur de nombreux exemples; mais ils sont condamnés par des faits tout aussi nombreux. Tous les deux reposent sur du vrai, mais poussent trop loin leurs conséquences. En résumé, on peut dire avec raison : Tout cela peut être, mais tout cela n'est pas.

Notre crédulité est dans le vice de notre nature; il est en nous de vouloir aussitôt nous parer d'idées positives, lorsque nous devrions, au contraire, nous en garantir soigneusement. A peine voyons-nous les traits d'un homme, que nous voulons prétendre connaître son caractère. La sagesse serait d'en repousser l'idée, de neutraliser ces circonstances mensongères. Un tel m'a volé, il avait les yeux gris; depuis, je ne verrai plus d'yeux gris sans l'idée, la crainte du vol; c'est une arme qui m'a blessé, et que je redoute partout où je la vois; mais sont-ce bien les yeux gris qui m'ont volé? La raison, l'expérience montrent que tous ces signes extérieurs sont autant de mensonges; qu'on ne saurait trop souvent s'en garantir, et qu'il n'est d'autre moyen de juger et de connaître sûrement les hommes que de les voir, de les essayer, de les pratiquer. Après tout cela, il se rencontre des figures tellement hideuses que la raison la plus forte est mise d'abord en fuite, et que la condamnation se prononce en dépit de toute cette raison même.

L'anarchie intellectuelle que nous subissons

est une suite de l'anarchie morale, de l'extinction de la foi, et de la négation des principes, qui a précédé.

A force de réfléchir, on parvient à saisir la clef de la philosophie de Socrate et de Platon; mais il faut être métaphysicien, et il faut de plus, même avec des années d'étude, une aptitude spéciale. Mais le bon sens tout seul, le cœur, un esprit droit suffisent pour comprendre le christianisme.

Il n'y aura pas d'état politique fixe, s'il n'y a pas un corps enseignant avec des principes fixes. Tant qu'on n'apprendra pas, dès l'enfance, s'il faut être républicain ou monarchique, catholique ou irreligieux, l'État ne formera point une nation; il reposera sur des bases incertaines et vagues; il sera constamment exposé aux désordres et aux changements.

C'est une chose digne de remarque que l'instruction, à sa naissance, a toujours été accompagnée d'idées religieuses.

Les gouvernements ont eu peu à s'occuper de l'éducation publique dans les États d'Occident, particulièrement depuis la religion chrétienne, parce qu'elle était confiée au clergé; il leur suffisait de connaître l'esprit du clergé pour savoir dans quel esprit elle était dirigée. Les gouvernements de l'Orient, au contraire, s'en sont beaucoup occupés, surtout avant la religion chrétienne; les lois de Lycurgue, par exemple, obligeaient les jeunes gens à manger à la même table; mais des lois semblables, bonnes pour une petite ville pauvre, ne ressemblent en rien à celles que réclame la grande nation.

Il n'est pas de bonheur sans lumières; sans talents ni connaissances, il n'y a d'égalité que celle de la misère et de la servitude.

Nulle société ne peut exister sans morale; il n'y a pas de bonne morale sans religion; il n'y a donc que la religion qui donne à l'État un appui ferme et durable. Une société sans religion est comme un vaisseau sans boussole; un vaisseau dans cet état ne peut ni s'assurer de sa route, ni espérer d'entrer au port; une société sans religion, toujours agitée, perpétuellement ébranlée par le choc des passions les plus violentes, éprouve en elle-même toutes les fureurs d'une guerre intestine qui la précipite dans un abîme de maux, et qui tôt ou tard entraîne infailliblement sa ruine.

Plus on est grand et moins on doit avoir de volonté ; l'on dépend des événements et des circonstances.

La loi de la nécessité maîtrise l'inclination, la volonté et la raison.

Il est dans la nature de l'homme de refuser son intérêt et ses vœux aux entreprises évidemment contraires à la bonne foi et à l'équité; et quelles que soient les préventions, il finit toujours par être entraîné vers la cause la plus juste.

Les hommes faibles ne peuvent obéir à la raison; abandonnés à leurs passions, ils se trouvent sans cesse hors de mesure.

Une conduite modérée atteste la vigueur d'un jugement sain.

L'injustice et la violence proviennent d'une véritable faiblesse, comme le transport est l'effet naturel de l'état de maladie.

Tous les grands événements ne tiennent qu'à un cheveu. L'homme habile profite de tout, ne néglige rien de ce qui peut lui donner quelques chances de plus. L'homme moins habile, quelquefois en en méprisant une seule, fait tout manquer.

Ce n'est qu'avec de la prudence, de la sagesse, beaucoup de dextérité, que l'on parvient à de grands buts, et que l'on surmonte tous les obstacles : autrement on ne réussit en rien.

Du triomphe à la chute il n'est qu'un pas. J'ai vu, dans les plus grandes circonstances, qu'un rien a toujours décidé des plus grands événements.

Canaille, brigands, rebelles ou héros, suivant la chance d'un combat : pauvre humanité!

Un homme qui est à la tête d'un faible parti, pendant les troubles d'un pays, est appelé chef de rebelles; mais lorsqu'il réussit, qu'il fait de grandes choses et élève son pays et lui-même, au lieu d'être appelé chef de rebelles, on le nomme général, souverain : c'est la réussite qui lui donne ce titre.

C'est le succès qui fait le grand homme.

Il n'est pas vrai que les hommes ne changent jamais; ils changent en mal comme en bien. Il n'est pas plus vrai qu'ils soient ingrats; le plus souvent, c'est que le bienfaiteur exige plus qu'il n'a donné; souvent aussi, c'est qu'on ne fait pas assez la part des circonstances. Si peu d'hommes ont en eux la force de résistance à l'entraînement, ce qui est vrai, c'est que la plupart des hommes portent en eux le germe des vertus comme des vices, de l'héroïsme comme de la lâcheté. Telle est notre nature humaine; l'éducation, les événements font le reste.

Le cours de la vie de chacun doit être le résultat évident, le vrai jugement de son caractère.

La raison, la logique, un résultat surtout, doivent être le guide et le but constant de tout ici-bas.

L'homme ne marque dans la vie qu'en dominant le caractère que lui a donné la nature, ou en s'en créant un par l'éducation et sachant le modifier suivant les obstacles qu'il rencontre.

Quand on connaît, dit-on, le caractère d'un homme, on a la clef de sa conduite; c'est faux. Tel fait une mauvaise action qui est foncièrement honnête homme; tel fait une méchanceté sans être méchant. C'est que presque jamais il n'agit par l'acte naturel de son caractère, mais par une passion secrète du moment, réfugiée, cachée dans les derniers replis du cœur. Autre erreur quand on dit que le visage est le miroir de l'âme. Le vrai est que l'homme est très-difficile à connaître, et que, pour ne pas se tromper, il ne le faut juger que sur ses actions, et encore faudrait-il que ce fût sur celles du moment, et seulement pour ce moment.

On ne doit jamais prendre les hommes à leur visage ; on ne les connaît bien qu'à l'essai.

La morale publique est fondée sur la justice, qui, bien loin d'exclure l'énergie, n'en est au contraire que le résultat.

Tout ce qui n'est pas utile est nuisible.

Dans le monde moral, les choses n'ont de garantie que dans la volonté des hommes.

L'injustice et la mauvaise foi tournent toujours au préjudice de ceux qui s'en sont rendus coupables.

Les prétextes ne manquent jamais à celui qui a le pouvoir de faire ce qui lui plaît.

Il y a différentes manières d'assassiner un homme: par le pistolet, par l'épée, par le poison ou par l'assassinat moral. C'est la même chose, au définitif, excepté que ce dernier moyen est le plus cruel.

Ce n'est pas l'utilité qu'on doit considérer dans un acte, c'est sa justice et sa convenance; car, selon le premier principe, toute espèce de crime pourrait se justifier comme étant utile et par conséquent nécessaire.

En prenant pour prétexte le prétendu principe de l'utilité générale, Dieu sait jusqu'où on peut aller.

Si chaque chose se faisait de manière à pouvoir être publiée, tout serait tellement en règle, qu'on n'aurait plus besoin de publicité.

L'ambition n'est pas un conseiller qu'avoue la sagesse.

Le plus dangereux conseiller, c'est l'amour-propre.

Le raisonnement nous accoutume à l'idée que nous perdrons notre mère, qu'ainsi le veut la nature; tandis que la mort de notre femme, de notre enfant, est une surprise, un malheur contre lequel toute notre nature se débat. Après tout, peut-être cette différence tient-elle tout simplement à ce que nous appartenons à notre mère, et que notre femme et nos enfants nous appartiennent. L'égoïsme domine trop souvent nos sensations comme nos actes.

Le mensonge n'est bon à rien, puisqu'il ne trompe qu'une fois.

Le mal de la calomnie est semblable à la tache d'huile, il laisse toujours des traces.

Qui peut se flatter d'obtenir justice complète de son vivant?

La malveillance est toujours plus active que le bien.

Quel est l'homme ici-bas, quels que soient son bon droit et la force et la puissance de ce bon droit, que la partie adverse n'attaque et ne démente?

Il est des hommes chez lesquels le sentiment de la haine et de la jalousie ne meurt jamais.

L'estime publique est la récompense des gens de bien.

Une grande réputation, c'est un grand bruit; plus ce bruit est grand, plus il s'étend au loin. Les institutions, les nations, tout cela tombe, mais le bruit reste et se prolonge d'écho en écho jusqu'aux siècles les plus reculés.

Personne ne s'informe si les portraits des grands hommes sont ressemblants : il suffit que leur génie y vive.

La nature, en formant de certains hommes, a voulu qu'ils restassent dans une position subalterne.

Quand un homme manque de parole, il manque de tout ce qui distingue l'homme de l'animal.

On reconnaît un honnête homme à sa conduite envers sa femme, sa famille et ses domestiques.

Quand un homme n'a point de cœur, il doit nécessairement avoir une mauvaise tête, et être hors d'état de commander ou d'agir par lui-même.

Il ne faut pas s'en rapporter aux écrits d'un homme pour se former une idée juste de son caractère et de sa conduite privée.

Le vrai caractère perce toujours dans les grandes circonstances. Il ne faut pas s'y méprendre, il est des dormeurs dont le réveil est terrible.

Profitez des faveurs de la fortune, lorsque ses caprices sont pour vous; craignez qu'elle ne change de dépit, elle est femme.

La fortune est inconstante, et combien d'hommes qu'elle avait comblés de ses faveurs ont trop vécu de quelques années!

Lorsqu'un homme est à la hauteur de sa fortune, elle ne le prend jamais au dépourvu, et quelque surprenantes que soient ses faveurs, elle le trouve prêt.

Quand on n'a jamais eu de revers, on doit les avoir grands comme sa fortune.

L'homme n'a point d'ami, c'est son bonheur qui en a.

C'est une chance heureuse de trouver un homme doué de talents dans un homme doué de bonheur : il y a tant de gens qui gâtent la plus belle destinée !

On peut s'arrêter quand on monte, jamais quand on descend.

Dans tout ce qu'on entreprend, il faut donner les deux tiers à la raison, et l'autre tiers au hasard : augmentez la première fraction, vous serez pusillanime; augmentez la seconde, vous serez téméraire.

La raison, juge immobile de nos actions, en doit être la règle invariable. Les yeux de la raison garantissent l'homme du précipice des passions, comme ses décrets modifient même le sentiment de ses droits.

Il faut être bien étranger à la marche du génie pour croire qu'il se laisse écraser sous des formes. Les formes sont faites pour la médiocrité; il est bon que celle-ci ne puisse se mouvoir que dans le cercle de la règle. Le talent prend son essor, de quelques entraves qu'il soit entouré.

Il n'est pas de grandes actions suivies qui soient l'œuvre du hasard et de la fortune; elles dérivent toujours de la combinaison et du génie. Rarement on voit échouer les grands hommes dans leurs entreprises les plus périlleuses. Regardez Alexandre, César, Annibal, le grand Gustave et autres; ils réussissent toujours. Est-ce parce qu'ils ont du bonheur qu'ils deviennent ainsi de grands hommes? Non; mais parce qu'étant de grands hommes, ils ont su maîtriser le bonheur. Quand on veut étudier les ressorts de leurs succès, on est tout étonné de voir qu'ils avaient tout fait pour l'obtenir.

Les grands hommes sont des météores destinés à brûler pour éclairer la terre.

On ne peut se dissimuler qu'un homme mort n'est plus rien, et celui qui aura les moindres prétentions sera plus fort que sa mémoire. Lorsque le plus grand homme, celui qui a rendu le plus de services à son pays, meurt, le premier sentiment qu'on éprouve est d'en être satisfait; c'est un poids dont on est déchargé;

cela met en mouvement toutes les ambitions. On le pleurera peut-être un an après, lorsque des troubles déchireront la patrie; mais dans le premier moment, on ne le regrettera point; on ne tiendra aucun compte de ses dernières volontés.

Les malheurs ont aussi leur héroïsme et leur gloire.

C'est le plus grand défaut de générosité que d'insulter un malheureux, parce qu'insulter ceux qui sont en notre pouvoir, et qui par conséquent ne peuvent résister, est un signe certain de la bassesse de l'âme.

Rien de plus insultant que d'ajouter l'ironie à l'injustice.

Pauvre et triste humanité! L'homme n'est

pas plus à l'abri sur la pointe d'un rocher que sous les lambris d'un palais! Il est le même partout : l'homme est toujours l'homme.

La vie est semée de tant d'écueils et peut être la source de tant de maux, que la mort n'est pas le plus grand de tous.

L'avenir est à mépriser pour l'homme qui a du courage.

Faire tout ce qu'on peut est d'un homme; faire ce qu'on voudrait serait d'un dieu.

La rigueur, le sang, la mort, créent des enthousiastes et des martyrs, enfantent les résolutions courageuses et désespérées.

Que de choses qui paraissent impossibles ont été faites par des hommes résolus, n'ayant plus d'autre ressource que la mort!

Avec du courage et de la volonté, il n'y a pas de limites que l'on ne puisse atteindre, point de résultats qu'on ne doive espérer.

Point d'humeur : rarement on fait bien dans cette situation ; il faut toujours laisser s'écouler la nuit sur l'injure de la veille.

Qui veut jouir doit avant tout apprendre à se vaincre lui-même.

Des demi-mesures et des demi-souhaits ne montrent que des demi-hommes.

Il est impossible que l'homme puisse toujours dominer les circonstances, mais il ne doit pas non plus se laisser gouverner par elles.

Ce qu'il y a de pire dans les affaires, c'est l'indécision.

Les calculs sont bons lorsque l'on a le choix des moyens; lorsqu'on ne l'a pas, il est des hardiesses qui enlèvent le succès.

L'impatience est un grand obstacle au succès.

Celui qui ne craint point de brusquer les événements ne cueille rien, ou ne cueille qu'un fruit vert qui ne mûrit jamais.

Les hommes les plus déterminés, quand le moral est ébranlé par des causes qui agissent trop puissamment sur le physique, ne sont pas exempts de moments de faiblesse dont on ne peut les tirer qu'en dissipant les vapeurs qui voilent à leurs yeux l'objet qu'il ne leur est pas permis de redouter.

Il ne dépend pas toujours des maîtres de faire de bons écoliers, encore faut-il que la nature s'y prête : la semence doit rencontrer son terrain.

Combien les hommes diffèrent parfois de ce qu'ils s'annoncent ! Savent-ils bien toujours eux-mêmes ce qu'ils sont ?

Un homme véritablement homme ne hait point; sa colère et sa mauvaise humeur ne vont point au delà de la minute, le coup électrique. L'homme fait pour les affaires et l'autorité ne voit point les personnes; il ne voit que les choses, leur poids et leur conséquence.

Les choses ne fructifient que quand elles sont appliquées à propos.

Quand on connaît son mal moral, il faut savoir soigner son âme comme on soigne son bras ou sa jambe.

Il faut du courage pour lutter contre la force, il en faut plus quelquefois pour s'avouer sa faiblesse.

Il faut savoir pardonner, et ne pas demeurer dans une hostile et acariâtre attitude qui blesse le voisin et empêche de jouir soi-même ; reconnaître les faiblesses humaines et se plier à elles plutôt que de les combattre.

Si l'orgueil veut qu'on humilie son ennemi, la charité, vertu caractéristique de la religion de Jésus-Christ, veut qu'on se réconcilie.

Aimez-vous, la bienveillance console. Rougissez de ces préventions haineuses qui ont éloigné le citoyen du citoyen. Honorez le soldat qui doit vous défendre, et que le soldat soit modeste, parce que la modestie pare la bravoure ; surtout soyez sujets soumis et respectueux ; craignez de juger vos maîtres : la chose publique a ses mystères, et parmi les motifs qui décident l'autorité, il en est toujours qu'on ignore.

Je ne connais d'autres titres que ceux qui sont personnels; malheur à ceux qui n'ont point de ceux-là! C'est dans le moral que se trouve la vraie noblesse; hors de là elle n'est nulle part.

Quoi qu'en disent les misanthropes, les ingrats et les pervers forment une exception dans l'espèce humaine.

Je méprise l'ingratitude comme le plus vilain défaut du cœur.

Donner convenablement, c'est honorer; donner beaucoup, c'est corrompre.

J'aime mieux un ennemi déclaré qu'un ami toujours prêt à m'abandonner.

On ne sert pas bien ceux qu'on craint.

Ainsi que toute autre chose, la vertu a des bornes ; quiconque affecte de les dépasser est le plus souvent un hypocrite.

L'homme est né pour être heureux. La nature, mère éclairée, l'a doué de tous les organes nécessaires au but de sa création. Le bonheur n'est donc que la jouissance de la vie la plus conforme à son organisation.

Ne me parlez pas d'une religion qui ne prend qu'à vie, sans m'enseigner d'où je viens et où je vais.

Dire d'où je viens, ce que je suis, où je vais, est au-dessus de mes idées, et pourtant tout cela est. Je suis la montre qui existe et qui ne se connaît pas. Toutefois le sentiment religieux est si consolant, que c'est un bienfait du ciel que de le posséder. Quelle puissance pourraient avoir les hommes et les choses, si, prenant en vue de Dieu mes revers et mes peines, j'en attendais le bonheur futur pour récompense?

Le véritable bonheur, la seule force, toutes les consolations de l'homme sont dans la religion et la morale. Or toutes les morales religieuses sont belles. A part les dogmes plus ou moins absurdes qui sont nécessaires pour être compris des peuples dans le temps où l'on vit, que voyez-vous dans le Vedham, le Koran, l'Ancien Testament, dans Confucius, partout enfin? Une morale pure, c'est-à-dire protection au faible, respect aux lois du pays et reconnaissance d'un Dieu. Mais il n'est que l'Évangile pour offrir la réunion d'une moralité dégagée d'absurdités.

Que de gens font, pendant leur vie, fanfaronnade d'incrédulité, et qui, lorsqu'ils sentent la mort s'approcher, implorent de la religion l'espoir d'un autre monde!

Les jeunes gens ne croient pas pour la plupart; mais en vieillissant tous les hommes deviennent dévots, à de bien rares exceptions près. On dit à cela : C'est que quand le corps s'affaiblit, la raison perd de sa force. On a tort.

On devrait dire : La croyance vient avec l'étude, avec la méditation sur les merveilles de la création ; il faut avoir étudié l'œuvre de Dieu pour en comprendre l'immensité ; la jeunesse jouit sans réflexion.

Qui sait si le bonheur d'aujourd'hui ne sera pas le malheur de demain ? La religion offre des consolations dans toutes les phases de la vie. On est moins malheureux quand on croit ; on trouve dès lors toujours en soi la force de supporter le malheur.

On peut dire des prêtres ce qu'on a dit de la langue, que c'est la pire des choses ou la meilleure.

Le zèle religieux qui anime les prêtres leur fait entreprendre des travaux et braver des périls qui seraient au-dessus des forces d'un agent civil.

Les prêtres doivent guider les consciences; mais ils ne doivent exercer aucune juridiction extérieure et corporelle sur les citoyens.

On ne redoute plus les papes, le clergé; mais on peut craindre cette fausse philosophie qui, soumettant tout à l'analyse, tombe dans le sophisme, et aux anciennes erreurs substitue des erreurs nouvelles.

Est-ce que la religion catholique ne parle pas bien plus à l'imagination des peuples par la pompe de ses cérémonies que par la sublimité de sa morale? Quand on veut électriser les masses, il faut avant tout parler à leurs yeux.

Les esprits superficiels voient de la ressemblance entre le Christ et les fondateurs d'empires, les conquérants et les dieux des autres religions. Cette ressemblance n'existe pas. Il y a entre le christianisme et quelque religion que ce soit la distance de l'infini.

Le clergé catholique a présidé à la fondation de la société européenne. Ce qu'il y a de meilleur dans la civilisation moderne, les arts, les sciences, la poésie, tout ce dont nous jouissons est son ouvrage ; tous les éléments d'ordre qui assurent la paix des États sont encore un de ses bienfaits.

La religion chrétienne est la religion d'un peuple civilisé ; elle est toute spirituelle. Dans cette religion tout est pour amortir les sens, rien pour les exciter.

Je ne vois pas dans la religion le mystère de l'incarnation, mais le mystère de l'ordre social : elle rattache au ciel une idée d'égalité qui empêche que le riche ne soit massacré par le pauvre. La religion est une sorte d'inoculation ou de vaccine qui, en satisfaisant notre amour du merveilleux, nous garantit des charlatans et des sorciers : les prêtres valent mieux que les Cagliostro, les Kant et tous les rêveurs d'Allemagne.

Ce qui fait aimer un gouvernement, c'est son respect pour le culte.

Quelles que puissent être les clameurs du fanatisme et de l'ignorance, tolérance et protection pour toutes les religions chrétiennes.

Les conquérants doivent connaître le mécanisme de toutes les religions et les parler toutes; ils doivent savoir être musulmans en Égypte, catholiques en France : j'entends par là, protecteurs.

Chaque peuple a sa *Marie-Jeanne*. Le Palladium des anciens, les boucliers de Numa, les reliques des modernes, les épées de la chevalerie, la Durandal, étaient autant de *Marie-Jeanne;* c'est le cachet du véritable fanatisme. La possession ou la défense de ces objets devenus sacrés rendaient les soldats invincibles. Les hommes simples, à qui il n'est point donné de concevoir la grandeur et la puissance de la Divinité, trouvent d'eux-mêmes des intermédiaires qui leur servent de repos entre le ciel et eux : l'idolâtrie n'eut pas d'autre origine.

La chose la plus sacrée parmi les hommes, c'est la conscience : l'homme a une voix secrète qui lui crie que rien sur la terre ne peut l'obliger à croire ce qu'il ne croit pas. La plus horrible de toutes les tyrannies est celle qui oblige les dix-huit vingtièmes d'une nation à embrasser une religion contraire à leur croyance, sous peine de ne pouvoir ni exercer les droits de citoyen, ni posséder aucun bien, ce qui est la même chose que de n'avoir plus de patrie sur la terre.

On ne peut traduire la conscience d'un homme à aucun tribunal, et aucune personne n'est comptable de ses opinions religieuses envers aucune puissance terrestre.

Si la stabilité d'un gouvernement semble

exiger une religion dominante, sa tranquillité repousse une religion dominatrice.

Les préceptes du christianisme ne sont pas susceptibles d'interprétation, et le serment de fidélité au gouvernement ne peut être refusé sans crime.

L'empire de la loi finit où commence l'empire indéfini de la conscience.

Le principal charme d'une religion, c'est celui des souvenirs.... La religion catholique est celle de notre patrie, celle dans laquelle nous sommes nés. Elle a un gouvernement profondément conçu qui empêche les disputes autant qu'il est possible de les empêcher, avec l'esprit disputeur des hommes. Ce gouvernement est hors de Paris, il faut nous en applaudir.

Les querelles religieuses ne se passent pas autrement que les querelles politiques : car prêtres, militaires ou magistrats, nous sommes tous hommes. Elles ne finissent que par l'intervention d'une autorité assez forte pour obliger les partis à se rapprocher et à se fondre.

Le changement de religion, inexcusable pour des intérêts privés, peut se comprendre peut-être par l'immensité de ses résultats politiques.

C'est avec de l'eau et non avec de l'huile qu'on calme les volcans théologiques.

Le fanatisme est toujours produit par la persécution.

Dans les têtes fanatisées il n'y a pas d'organe par où la raison puisse pénétrer.

Il faut endormir le fanatisme afin de pouvoir le déraciner.

Le fanatisme militaire est le seul qui soit bon pour quelque chose. Il en faut pour se faire tuer.

Les liens de famille m'ont toujours paru sacrés; je ne puis me décider à croire qu'on puisse les rompre sans déshonneur et sans manquer à ce qu'il y a de plus saint pour l'homme.

La vie intime est la garantie d'un bon ménage; elle assure le crédit de la femme, la dépendance du mari; elle maintient l'intimité et les bonnes mœurs.

J'ai toujours envié le sort d'un bon bourgeois de Paris; je ne connais pas de plus douce existence, en admettant le bonheur d'intérieur, de famille, sans lequel point de bonheur, dans quelque classe qu'on se trouve.

Le mariage est, sans contredit, l'état de perfection sociale.

Une femme et des enfants, un père et une mère, des frères et des sœurs, un ami! Et l'on se plaint de la nature, et l'on se demande : Pourquoi sommes-nous nés?

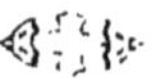

Quelque chose que fasse une mère, ses enfants n'ont jamais le droit de lui adresser un reproche : une mère est sainte pour ses enfants.

L'amour parfait est le bonheur idéal : tous deux sont aussi aériens l'un que l'autre, aussi fugitifs, aussi mystérieux, aussi inexplicables; l'amour devait être l'occupation de l'homme oisif, la distraction du guerrier, l'écueil du souverain.

Une femme a besoin de six mois de Paris pour connaître ce qui lui est dû, et quel est son empire.

La faiblesse du cerveau des femmes, la mobilité de leurs idées, leur destination dans l'ordre social, la nécessité de leur inspirer, avec une perpétuelle résignation, une charité douce et facile, tout cela rend pour elles le joug de la religion indispensable.

Une femme sans remords est une triste et bien méprisable coquette.

L'espèce humaine possède deux grandes vertus qu'on ne saurait jamais trop respecter : le courage chez l'homme et la pudeur chez la femme.

L'amour est toujours le lot des sociétés oisives.

Les femmes, quand elles sont méchantes, sont plus méchantes que les hommes et plus disposées à commettre le crime. Quand le sexe qui a la douceur en partage se dégrade une fois, il tombe dans de plus grands excès que le nôtre. Les femmes sont toutes ou beaucoup meilleures ou bien pires que les hommes.

Les femmes sont nécessaires pour civiliser et adoucir les mœurs de l'autre sexe.

Tout homme chez nous, sous peine d'idiotisme, doit avoir une occupation; or, quand il vaquera à ses affaires ou remplira ses fonctions, qui surveillera pour lui? Il faut donc chez nous tout à fait compter sur l'honneur des femmes et y avoir aveugle confiance.

Je ne crois pas qu'il soit dans notre nature d'aimer par division; on se trompe quand on croit aimer également deux êtres, même ses enfants. Il y a toujours une affection dominante.

Les crimes des enfants sont souvent le fruit

de la mauvaise éducation qu'ils ont reçue de leurs parents.

Je suis d'avis que la bonne ou la mauvaise conduite à venir d'un enfant dépend entièrement de sa mère.

Le vrai bonheur social réside dans l'ordre régulier possible, dans l'harmonie des jouissances relatives de chacun.

Les abus sont inhérents à toute société humaine. Le moyen de remédier à cela quand on ne peut pas voir partout? Car il existe comme une espèce de réseau étendu sur les lieux abaissés, qui enveloppe la petite multitude; il faut qu'une maille se rompe pour qu'il en remonte quelque chose à la haute région.

La contagion du crime est comme celle de la

peste; les criminels agglomérés se corrompent mutuellement; ils sont plus pervers qu'ils ne l'étaient quand, leur peine terminée, ils rentrent dans la société.

La vie engendre la vie; une idée féconde exerce son influence sur toutes les époques.

L'orgueil et les préjugés ne raisonnent pas.

Quand l'usage et la raison se trouvent en opposition, c'est le premier qui l'emporte.

Vivre c'est souffrir, et l'honnête homme combat toujours pour rester maître de lui.

S'abandonner au chagrin sans résister, se

tuer pour s'y soustraire, c'est abandonner le champ de bataille sans avoir vaincu.

Il n'y a que les sots et les lâches qui se tuent.

Un homme a-t-il le droit de se tuer? Oui, si sa mort ne fait tort à personne et si la vie est un mal pour lui.

Quand la vie est-elle un mal pour l'homme? Lorsqu'elle ne lui offre que des souffrances et des peines; mais comme les souffrances et les peines changent à chaque instant, il n'est aucun moment de la vie où l'homme ait le droit de se tuer : le moment ne serait arrivé qu'à l'heure même de sa mort, puisque alors seulement il lui serait prouvé que sa vie n'a été qu'un tissu de maux et de souffrances.

Il n'est pas d'homme qui n'ait eu plusieurs fois l'envie de se tuer, succombant aux affections morales de son âme, mais qui, peu de jours après, n'en eût été fâché par les changements survenus dans ses affections et dans les circonstances.

L'homme qui se fût tué le lundi eût voulu vivre le samedi, et cependant on ne se tue qu'une fois. La vie de l'homme se compose du passé, du présent et de l'avenir; il faut donc que la vie soit un mal pour lui, sinon pour le passé, le présent et l'avenir, au moins pour le présent et l'avenir. Mais si elle n'est un mal que pour le présent, il sacrifie l'avenir. Les maux d'un jour ne l'autorisent pas à sacrifier sa vie à venir. L'homme dont la vie est un mal et qui aurait l'assurance, ce qui est impossible, qu'elle le serait toujours, et ne changerait pas de position ou de volonté, soit par des modifications de circonstances et de situation, soit par l'habitude et la marche du temps, ce qui est encore impossible, aurait seul le droit de se tuer. L'homme qui, succombant sous le poids des maux présents, se donne la mort, commet une injustice envers lui-même, obéit par désespoir et faiblesse à une fantaisie du moment à laquelle il sacrifie toute l'existence à venir.

La comparaison d'un bras gangrené que l'on

coupe pour sauver le corps n'est pas bonne. Lorsque le chirurgien coupe le bras, il est certain qu'il donnerait la mort au corps; ce n'est pas un sentiment, c'est une réalité; au lieu que quand les souffrances de la vie portent un homme à se tuer, non-seulement il met un terme à ses souffrances, mais encore il détruit l'avenir; un homme ne se repentira jamais de s'être fait couper un bras; il peut se repentir et se repentira presque toujours de s'être donné la mort.

NAPOLÉON III.

Les gouvernements ont été établis pour aider la société à vaincre les obstacles qui entravaient sa marche. Leur forme a dû varier suivant la nature du mal qu'ils étaient appelés à guérir, suivant l'époque, suivant le peuple qu'ils devaient régir.

L'origine d'un pouvoir influe sur toute sa durée, de même qu'un édifice brave les siècles ou s'écroule en peu de jours, suivant que sa base est bien ou mal assise.

Il ne saurait y avoir de gouvernement assis sur des formes invariables ; il n'y a pas plus de formule gouvernementale pour le bonheur des peuples, qu'il n'y a de panacée universelle qui guérisse de tous les maux.

A priori, le meilleur gouvernement est celui qui remplit bien sa mission, c'est-à-dire celui qui se formule sur le besoin de l'époque, et qui, en se modelant sur l'état présent de la société, emploie les moyens nécessaires pour frayer une route plane et facile à la civilisation qui s'avance.

Gouverner, ce n'est plus dominer les peuples par la force et la violence : c'est les conduire vers un meilleur avenir en faisant appel à leur raison et à leur cœur.

Gouverner, c'est conduire, et si dans un pays libre un gouvernement ne peut pas trancher à lui seul toutes les questions, son devoir consiste du moins à les bien poser. De l'énoncé d'un problème dépend souvent sa bonne ou mauvaise solution.

Dans un gouvernement dont la base est démocratique, le chef seul a la puissance gouvernementale; la force morale ne dérive que de lui, tout aussi remonte directement jusqu'à lui, soit haine, soit amour. Dans une telle société, la centralisation doit être plus forte que dans toute autre; car les représentants du pouvoir n'ont de prestige que celui que le pouvoir leur prête, et, pour qu'ils conservent ce prestige, il faut qu'ils disposent d'une grande autorité sans cesser d'être vis-à-vis du chef dans une dépendance absolue, afin que la surveillance la plus active puisse s'exercer sur eux.

Il est impossible de reconnaître un système bon pour tous les peuples; et vouloir étendre indistinctement la même forme gouvernementale sur tous, est une idée fausse et malheureuse. Chaque nation a ses mœurs, ses habitudes, sa langue, sa religion; chacune a son caractère particulier, un intérêt différent, qui dépend de sa position géographique ou de sa statistique. S'il y a des maximes bonnes pour tous les peuples, il n'y a pas de système bon pour tous.

Non-seulement un même système ne peut pas convenir à tous les peuples, mais les lois doivent se modifier avec les générations, avec les circonstances plus ou moins difficiles.

Comme chaque pays a son caractère particulier, son allure distincte, il faut que toutes les lois portent gravé sur leur front le cachet national.

Le propre de tout gouvernement est de communiquer à ceux qui le servent son reflet et sa couleur.

Un gouvernement ne peut être fort que lorsque ses principes sont d'accord avec sa nature.

On peut gouverner une société tranquille et régulière avec les seuls dons de l'esprit; mais lorsque la violence a remplacé le droit, et que la marche méthodique de la civilisation a été rompue, un souverain ne regagne le chemin qu'il a perdu qu'en prenant de ces grandes et subites résolutions que le cœur seul inspire.

Le temps des préjugés est passé; le prestige

du droit divin s'est évanoui en France avec les vieilles institutions féodales. Une ère nouvelle a commencé. Les peuples désormais sont appelés au libre développement de leurs facultés. Mais, dans cette impulsion générale imprimée à la civilisation moderne, qui réglera le mouvement et qui préservera le peuple des dangers de sa propre activité? quel gouvernement sera assez puissant, assez respecté, pour assurer à la nation la jouissance de grandes libertés, sans agitation, sans désordre? Il faut à un peuple libre un gouvernement revêtu d'une immense force morale; il faut que cette force soit proportionnée à la masse des libertés populaires. Sans cette condition, le pouvoir, privé d'un état moral suffisant, forcé par le besoin de sa conservation, ne recule alors, pour se maintenir, devant aucun expédient, aucune illégalité. L'inertie du plus grand nombre, effrayé d'un danger momentané, protége ces actes de nécessité, et l'on se trouve heureux d'acheter, au prix même de la violence des lois, un peu d'ordre et de tranquillité, extrémité toujours fatale pour une grande nation. Comment donc recréer la majesté du pouvoir? où trouver un principe de force morale devant lequel s'inclinent les partis et s'annulent les résistances individuelles? où chercher enfin le prestige du droit, qui n'existe plus en France dans la personne d'un roi, d'un roi seul, si ce n'est dans le droit, dans la volonté de tous? C'est qu'il n'y a de force que là.

Marchez à la tête des idées de votre siècle, ces idées vous suivent et vous soutiennent.

Marchez à leur suite, elles vous entraînent.

Marchez contre elles, elles vous renversent.

Une des premières nécessités pour un gouvernement, c'est de bien connaître l'état du pays qu'il régit, et de savoir où sont les éléments de force sur lesquels il doit s'appuyer.

Malheur aux souverains dont les intérêts ne

sont pas liés à ceux de la nation! quand la gloire de l'un ne fait pas la gloire de l'autre, quand la conservation de l'un est au détriment de l'autre, et lorsqu'ils ne peuvent se fier réciproquement ni à leurs promesses, ni à leurs serments.

Le grand art du gouvernement est de consulter toutes les capacités, en leur marquant le but et la route qu'il faut suivre, car sans cela on a beaucoup de bruit sans effet, beaucoup de travail sans résultat.

Donner satisfaction aux exigences du moment en créant un système qui reconstitue l'autorité sans blesser l'égalité, sans fermer aucune voie d'amélioration, c'est jeter les véritables bases du seul édifice capable de supporter plus tard une liberté sage et bienfaisante.

Déclarer que l'autorité repose sur un droit

incontestable, c'est lui donner la force nécessaire pour fonder quelque chose de durable et assurer la prospérité du pays.

Le plus ou moins de durée du pouvoir contribue puissamment à la stabilité des choses, mais c'est aussi par les idées et les principes que le gouvernement sait faire prévaloir que la société se rassure.

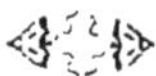

Le défaut de sécurité dans le présent, de foi dans l'avenir, arrête le travail, diminue les revenus publics et privés, rend les emprunts impossibles et tarit les sources de la richesse.

Avant d'avoir ramené la confiance, on aurait beau recourir à tous les systèmes de crédit comme aux expédients les plus révolutionnaires, on ne ferait pas renaître l'abondance là où la crainte et la défiance du lendemain ont produit la stérilité.

A chaque jour sa tâche; la sécurité d'abord, ensuite les améliorations.

Le plus grand danger peut-être des temps modernes vient de cette fausse opinion, inculquée dans les esprits, qu'un gouvernement peut tout, et qu'il est de l'essence d'un système quelconque de répondre à toutes les exigences, de remédier à tous les maux.

Les améliorations ne s'improvisent pas; elles naissent de celles qui les précèdent; comme l'espèce humaine, elles ont une filiation qui nous permet de mesurer l'étendue du progrès possible et de le séparer des utopies.

Les gouvernements qui succèdent à des révolutions ont une tâche ingrate : celle de réprimer d'abord pour améliorer plus tard, de faire tomber des illusions, et de remplacer par le langage d'une raison froide les accents désordonnés de la passion.

Je ne puis croire qu'il y ait des hommes assez pervers pour prêcher le mal en connaissance de cause ; mais lorsqùe les esprits sont exaltés par des bouleversements sociaux, on inculque au peuple des idées pernicieuses qui engendrent la misère. L'ignorance est la cause de ces utopies. En effet, les systèmes les plus séduisants en apparence sont trop souvent inapplicables ; l'empire de la raison est insuffisant pour détruire les fausses doctrines. C'est par l'application des améliorations pratiques qu'on les combat le plus efficacement.

Ce sont les grands principes, les nobles passions, tels que la loyauté et le désintéressement, qui sauvent les sociétés, et non les spéculations de la force et du hasard.

La plus douce prérogative du pouvoir, c'est d'encourager le mérite partout où il le rencontre.

Toutes les révolutions qui ont agité les peuples, tous les efforts des grands hommes, guerriers ou législateurs, ne doivent-ils aboutir à rien? Nous remuons-nous constamment dans un cercle vicieux, où les lumières succèdent à l'ignorance, et la barbarie à la civilisation? Loin de nous une pensée aussi affligeante! Le feu sacré qui nous anime doit nous mener à un résultat digne de la puissance divine qui nous l'inspire. L'amélioration des sociétés marche sans cesse, malgré les obstacles; elle ne connaît de limites que celles du monde.

Le progrès ne disparaît jamais, mais il se déplace souvent ; il va des gouvernants aux gouvernés. La tendance des révolutions est de le ramener toujours parmi les gouvernants. Lorsqu'il est à la tête des sociétés, il marche hardiment, car il conduit ; lorsqu'il est dans la masse, il marche à pas lents, car il lutte. Dans le premier cas, le peuple confiant se laisse gouverner ; dans le second cas, il veut au contraire tout faire par lui-même.

« La politique, a dit un écrivain, est l'application de l'histoire à la morale des sociétés. » On peut en dire autant d'une constitution : il faut que le pacte qui lie les divers membres d'une société puise sa forme dans l'expérience des temps passés, les choses dans l'état présent de cette société, son esprit dans l'avenir. Une constitution doit être faite uniquement pour la nation à laquelle on veut l'adapter. Elle doit être comme un vêtement, qui, pour être bien fait, ne doit aller qu'à un seul homme.

Ce n'est pas le hasard qui règle les destinées des nations ; ce n'est pas un accident imprévu qui renverse ou qui maintient les trônes ; il y a une cause générale qui règle les événements et les fait dépendre logiquement les uns des autres.

Le don le plus funeste que la Providence puisse faire à un gouvernement qui lutte contre l'esprit national, c'est de lui accorder les faciles victoires ; son triomphe l'enivre, et il prend pour un symptôme de force ce qui n'est qu'une faveur passagère de la fortune.

Attribuer à des événements secondaires la chute des empires, c'est prendre pour la cause du péril ce qui n'a servi qu'à le déclarer.

Un gouvernement peut souvent violer impunément la légalité, et même la liberté; mais, s'il ne se met pas franchement à la tête des grands intérêts de la civilisation, il n'a qu'une durée éphémère; et cette simple raison philosophique, qui est la cause de sa mort, est appelée *fatalité*, lorsqu'on ne veut pas s'en rendre compte.

Lorsqu'un gouvernement combat les idées et les vœux d'une nation, il produit toujours des résultats opposés à ses projets.

Les États ne périssent que par trop d'orgueil ou trop de lâcheté.

Il y a des gouvernements frappés de mort

dès leur naissance, et dont les mesures les plus nationales n'inspirent que la défiance et le mécontentement.

Les pouvoirs faibles et imprévoyants croient qu'ils ont tout fait quand, après avoir lutté longtemps contre l'opinion publique, ils sont obligés de céder. Ils n'ont montré cependant que leur mauvais vouloir et leur faiblesse.

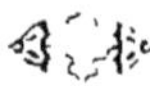

Nul ne peut échapper à sa destinée. Tout gouvernement condamné à périr périt par les moyens mêmes qu'il emploie pour se sauver.

L'appui étranger est toujours impuissant à sauver les gouvernements que la nation n'adopte pas.

Rien de plus humiliant pour le gouvernement

d'une grande nation que de méconnaître sa force au point de manquer à sa promesse. La générosité est toujours la meilleure conseillère.

Notre opinion a toujours été que, malgré ses dangers, une politique grande et généreuse convient seule à notre patrie, car l'honneur est toujours le meilleur guide.

On ne viole pas impunément la logique populaire.

Le peuple a toujours le sentiment de ce qui lui convient.

Dans un État bien organisé, il faut toujours que deux mouvements contraires se fassent sentir : l'un qui de la base de l'édifice remonte vers le sommet, et l'autre qui du sommet redescende vers la base. Cette influence gouvernementale, qui doit se faire sentir jusqu'aux dernières classes du peuple, et cette influence de la volonté populaire, qui doit se faire sentir jusqu'au chef du gouvernement, doit agir et réagir, mais par degrés et par échelons, autant dans le mouvement ascensionnel que dans le mouvement descendant.

La politique craintive est la pire de toutes: elle donne du courage à ceux qu'on devrait intimider.

La société n'est pas un être fictif; c'est un corps en chair et en os, qui ne saurait prospérer qu'autant que toutes les parties qui le composent sont dans un état de santé parfaite.

Le principe de chaque institution est ordinairement bon, parce qu'il se fonde sur les besoins du moment; il dégénère dès que ces besoins sont changés, dès que l'effet qu'il devait produire est accompli.

Les institutions doivent favoriser tout le monde; mais l'esprit qui les dicte ne doit être assis que sur un seul principe.

L'égoïsme ne profite ni aux individus ni aux peuples, et c'est une mauvaise politique que celle qui fait abandonner ses amis de peur de déplaire à ses ennemis.

Empêcher l'anarchie est plus facile que de la réprimer; diriger les masses est plus facile que de suivre leurs passions.

Lorsque des idées qui ont gouverné le monde

pendant de longues périodes perdent, par la transformation nécessaire des sociétés, de leur force et de leur empire, il en surgit de nouvelles, destinées à remplacer celles qui les précèdent. Quoiqu'elles portent en elles un germe réorganisateur, elles procèdent cependant par la désorganisation. Mais tant est grande la présomption des idées naissantes, et tant plaît à notre existence éphémère l'idée de durée, qu'à chaque pierre qu'elles arrachent du vieil édifice, elles proclament ce débris sur lequel elles se posent, comme une nouvelle fondation à bases indestructibles; jusqu'à ce que d'autres éboulements, s'ensevelissant réciproquement, leur prouvent qu'elles ont ébranlé sans avoir construit, et qu'il faut à leur ouvrage de plus solides matériaux pour être à l'abri des ruines du passé qui s'écroule.

Il est difficile de se dépouiller entièrement du passé; une génération a, comme un individu, des antécédents qui la dominent. Nos sentiments ne sont, pour la plupart, que des traditions. Esclave des souvenirs de son enfance, l'homme obéit toute sa vie, sans s'en douter, aux impressions qu'il a reçues dans son jeune âge, aux épreuves et aux influences auxquelles il a été en butte. La vie d'un peuple est soumise aux mêmes lois générales. Un jour seul ne suffit pas pour faire d'une république de cinq cents ans une monarchie héréditaire, ni d'une monarchie de quatorze cents ans une république élective.

Les mœurs sont le sanctuaire des institutions. A la naissance d'une nouvelle société, c'est le législateur qui fait les mœurs ou qui les corrige, tandis que plus tard ce sont les mœurs qui font les lois ou qui les conservent intactes d'âge en âge. Lorsque les institutions sont d'accord non-seulement avec les intérêts, mais encore avec les sentiments et les habitudes de chacun, c'est alors que se forme l'esprit public, cet esprit général qui fait la force d'un pays, parce qu'il sert de rempart contre tout empiètement de pouvoir, contre toute attaque des partis.

Les gouvernements qui ne sont ni assez populaires pour gouverner par l'union des citoyens, ni assez forts pour les maintenir tous dans une oppression commune, ne peuvent se soutenir qu'en alimentant la discorde entre les partis.

Quelque puissance matérielle que possède un chef, il ne peut disposer à son gré des destinées d'un grand peuple; il n'a de véritable force qu'en se faisant l'instrument des vues de la majorité.

La politique d'un grand peuple doit être nette et tranchée, et le parti qui ne sait triompher que par des équivoques est bien impuissant.

Rien ne contribue davantage à envenimer les

questions, à aggraver les situations, à fausser les esprits, qu'une politique bâtarde, sans dignité et sans suite, qui ne sait pas ce qu'elle veut, parce qu'elle n'ose jamais vouloir.

Une grande nation doit se taire, ou ne jamais parler en vain.

Un fait malheureux se retrouve à chaque page de notre histoire : c'est que plus les maux d'une société sont réels et patents, plus une minorité aveugle se lance dans le mysticisme des théories.

Notre devoir est de faire la part entre les idées fausses et les idées vraies qui jaillissent d'une révolution; puis, cette séparation faite, il faut se mettre à la tête des unes et combattre courageusement les autres.

La lettre d'une constitution a sans doute une grande influence sur les destinées d'un pays; mais la manière dont elle est exécutée en exerce peut-être une plus grande encore.

Le but le plus noble et le plus digne d'une âme élevée n'est point de rechercher, quand on est au pouvoir, par quels expédients on s'y perpétuera, mais de veiller sans cesse aux moyens de consolider, à l'avantage de tous, les principes d'autorité et de morale qui défient les passions des hommes et l'instabilité des lois.

Je ne bercerai pas le peuple d'illusions et d'utopies, qui n'exaltent les imaginations que pour aboutir à la déception et à la misère.

La grande difficulté des révolutions est d'éviter la confusion dans les idées populaires. Le devoir de tout gouvernement est de combattre les idées fausses et de diriger les idées vraies en se mettant hardiment à leur tête ; car si, au lieu de conduire, un gouvernement se laisse entraîner, il court à sa perte et il compromet la société au lieu de la protéger.

Il faut plaindre les peuples qui veulent récolter avant d'avoir labouré le champ, ensemencé la terre et donné à la plante le temps de germer, d'éclore et de mûrir. Une erreur fatale est de croire qu'il suffise d'une déclaration de principes pour constituer un nouvel ordre de choses.

S'agiter n'est pas avancer.

Après une révolution, l'essentiel n'est pas de faire une constitution, mais d'adopter un système qui, basé sur les principes populaires, possède toute la force nécessaire pour fonder et établir, et qui, tout en surmontant les difficultés du moment, ait en lui cette flexibilité qui permette de se plier aux circonstances.

Dans tous les pays, les besoins et les griefs du peuple se formulent en idées, en principes, et forment les partis.

Ces associations d'individus qui naissent d'un mouvement commun, mais d'esprits différents, ont chacune leurs défauts et leurs passions, comme elles ont aussi chacune leur vérité. Pressées d'agir par la fermentation sociale, elles se heurtent, se détruisent réciproquement, jusqu'à ce que la vérité nationale, se formant de toutes ces vérités partielles, se soit élevée, d'un commun accord, au-dessus des passions politiques.

Pour consolider cette cause, il faut au pouvoir un représentant qui n'ait d'autres intérêts que les siens.

Lorsqu'il naît un héritier destiné à perpétuer un système national, cet enfant n'est pas seulement le rejeton d'une famille, mais il est véritablement encore le fils du pays tout entier, et ce nom lui indique ses devoirs. Si cela était vrai sous l'ancienne monarchie, qui représentait plus exclusivement les classes privilégiées, combien à plus forte raison aujourd'hui que le souverain est l'élu de la nation, le premier citoyen du pays et le représentant des intérêts de tous.

Les sociétés ne subissent pas ces bouleversements, qui compromettent souvent leur existence, pour changer de chef seulement; elles s'ébranlent pour changer de système, pour guérir leurs souffrances; elles réclament impérieusement le prix de leurs efforts, et ne se calment que lorsqu'elles l'ont obtenu.

Une lutte ne peut se soutenir qu'à armes égales, et lorsque, dans le tourbillon des révolutions, le vice et la vertu, la vérité et l'erreur se confondent par leur emportement mutuel, ce n'est que par les passions généreuses de l'âme qu'on dompte les passions haineuses des partis.

En France, les masses ne sont pas révolutionnaires par nature; lorsqu'on bâtit avec elles, on bâtit solidement.

Qu'ont gagné les Français à leurs révolutions? Nous y avons gagné une seule chose, l'*expérience*, cette expérience triste et terrible, mais vraie, qui nous apprend à ne point mettre notre confiance dans les individus, mais dans les institutions seules ; à ne point ajouter foi aux promesses des hommes, mais à leurs antécédents ; à ne jamais applaudir les paroles, mais les faits ; à ne pas désirer tel ou tel ministère, mais à demander une chose positive, un principe, un système ; à réclamer enfin pour notre patrie, ou la guerre avec toutes ses chances, ou la paix avec tous ses bienfaits.

Le grand désavantage de la tribune, c'est de ne permettre qu'aux orateurs consommés de parler, et souvent les grands orateurs ne sont pas les hommes les plus logiques ni ceux qui approfondissent le mieux les questions.

Avec une tribune, une Chambre ressemble trop à un théâtre, où les grands acteurs seuls peuvent réussir. Sans tribune, au contraire, les Chambres prennent le caractère d'hommes graves, qui discutent leurs intérêts sans emphase et sans apparat.

Avec une tribune, les avocats seuls remportent, en général, tous les triomphes. Sans tribune, tout homme de bon sens peut exercer l'influence que donne sur ses semblables l'expression d'un sentiment vrai, d'une idée juste, dépouillée de toute ostentation et de tout luxe de paroles.

Faire appel aux passions vulgaires de la foule n'est pas gouverner.

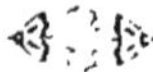

Dans les moments qui suivent de près un bouleversement social, l'essentiel n'est pas de mettre en application des principes dans toute la subtilité de leur théorie, mais de s'emparer du génie régénérateur, de s'identifier avec les sentiments du peuple, et de le diriger hardiment vers le but qu'il veut atteindre. Pour être capable d'accomplir une tâche semblable, il faut *que votre fibre réponde à celle du peuple*, et que vos intérêts soient tellement confondus, que vous ne puissiez vaincre ou tomber qu'ensemble.

On a souvent prétendu que pour gouverner la France il fallait sans cesse donner comme aliment à l'esprit public quelque grand incident théâtral. Je crois, au contraire, qu'il suffit de chercher exclusivement à faire le bien pour mériter la confiance du pays.

Je considère comme un malheur la fatale tendance qu'on a en France de vouloir toujours copier les institutions des peuples étrangers pour les adopter parmi nous.

Suivant les besoins du moment, les hommes tournent leurs regards ou vers le passé ou vers l'exemple d'un peuple étranger. S'ils se bornaient à n'imiter chez leurs voisins que les institutions qui peuvent leur convenir, ils ne suivraient en cela que les lois de la sagesse ; mais trop souvent, quand on copie, on adopte jusqu'aux défauts.

Prenons des pays étrangers des améliorations qu'une longue expérience a consacrées, mais gardons dans nos lois la forme, l'instinct et l'esprit français.

Une nation doit, ou abdiquer tout rôle politique, ou, si elle a l'instinct et la volonté d'agir conformément à sa nature généreuse, à son histoire séculaire, à sa mission providentielle, elle doit par intervalles savoir supporter des épreuves qui seules peuvent la retremper et la porter au rang qui lui est dû.

Les idées démagogiques proclament-elles une vérité? Non. Elles répandent partout l'erreur et le mensonge. L'inquiétude les précède, la déception les suit; et les ressources employées à les réprimer sont autant de pertes pour les améliorations les plus pressantes, pour le soulagement de la misère.

Désabusé d'absurdes théories, le peuple a acquis la conviction que les réformateurs prétendus n'étaient que des rêveurs, car il y avait toujours inconséquence, disproportion entre leurs moyens et les résultats promis.

Dans la route difficile que notre âge doit parcourir, au lieu de prendre comme chefs de doctrines des rhéteurs de collége, il nous semble plus logique de suivre les préceptes et de nous faire les apôtres de l'homme qui fut encore plus grand comme législateur qu'il ne fut redoutable comme capitaine. Lorsque dans l'histoire des temps passés apparut sur la scène du monde un grand homme qui réfléchissait en lui le double caractère de fondateur et de guerrier, on vit toujours les générations qui le suivirent reprendre après sa mort les institutions qu'il avait sanctionnées, l'allure qu'il avait indiquée.

Les grands hommes ont cela de commun avec la Divinité, qu'ils ne meurent jamais tout entiers. Leur esprit leur survit, et l'idée napoléonienne a jailli du tombeau de Sainte-Hélène, de même que la morale de l'Évangile s'est élevée triomphante malgré le supplice du Calvaire.

Devant un danger général, toute ambition personnelle doit disparaître; en cela le patriotisme se reconnaît comme on reconnaît la maternité dans un jugement célèbre.

La loi, dans des temps de crise, peut, au

nom du salut public, suspendre un droit; mais l'abroger, l'anéantir, elle ne le peut pas.

Les masses sans organisation ne sont rien; disciplinées elles sont tout. Sans organisation elles ne peuvent ni parler ni se faire comprendre; elles ne peuvent même ni écouter ni recevoir une impulsion commune.

Quelques mois ne font pas d'un peuple profondément imbu des vertus solides du soldat et du laboureur un peuple ennemi de la religion, de l'ordre et de la propriété.

Rétablir l'ordre, c'est ramener la confiance, pourvoir par le crédit à l'insuffisance passagère des ressources, restaurer les finances.

Protéger la religion et la famille, c'est assurer la liberté des cultes et la liberté d'enseignement.

Protéger la propriété, c'est maintenir l'inviolabilité des produits de tous les travaux, c'est garantir l'indépendance et la sécurité de la possession, fondements indispensables de la liberté civile.

On ne saurait copier ce qui s'est fait, parce que les imitations ne produisent pas toujours les ressemblances. En effet, copier dans ses détails, au lieu de copier dans son esprit, un gouvernement passé, ce serait agir comme un général qui, se trouvant sur le même champ de bataille où vainquit Napoléon ou Frédéric, voudrait s'assurer le succès en répétant les mêmes manœuvres.

Pour rendre le retour des gouvernements passés impossible, il n'y a qu'un moyen, c'est de faire mieux qu'eux.

En lisant l'histoire des peuples, comme l'histoire des batailles, il faut en tirer des principes généraux, sans s'astreindre servilement à suivre pas à pas une trace qui n'est pas empreinte sur le sable, mais sur un terrain plus élevé, les intérêts de l'humanité.

La vie des peuples se compose de drames complets et d'actes isolés. Lorsqu'on embrasse dans leur ensemble les événements du drame, on découvre la raison de tous les faits, le lien de toutes les idées, la cause de tous les changements; mais si l'on ne considère que les actes partiels, ces grandes convulsions sociales n'apparaissent plus que comme l'effet du hasard et de l'inconséquence humaine.

Tout ce qui est dans la nécessité des temps

doit s'accomplir : l'inutile seul ne saurait revivre.

L'Empereur fut le médiateur entre deux siècles ennemis ; il tua l'ancien régime en rétablissant tout ce que ce régime avait de bon ; il tua l'esprit révolutionnaire en faisant triompher partout les bienfaits de la révolution. Voilà pourquoi ceux qui l'ont renversé eurent bientôt à déplorer leur triomphe. Quant à ceux qui l'ont défendu, ai-je besoin de rappeler combien ils ont pleuré sa chute ?

Dans presque tous les gouvernements, le pouvoir a toujours été malheureusement dans les mains d'une seule classe. Dans une théocratie, il est dans la main des prêtres ; dans un gouvernement militaire, dans celle des généraux ; dans une monarchie aristocratique, dans la main d'une noblesse ; dans une monarchie fondée sur une aristocratie d'argent, dans la main des riches; enfin même dans une république, l'autorité est trop souvent confiée à un petit nombre de familles, comme celles du livre d'or à Venise, ou seulement aux jurisconsultes, comme aux États-Unis d'Amérique. Pendant notre révolution française, le pouvoir fut aussi tour à tour dans la main d'une seule portion de la nation.

On peut donc avancer avec justice que le gouvernement de Napoléon, empereur plébéien, nous offrit peut-être le premier exemple d'un gouvernement où toutes les classes étaient accueillies, aucune repoussée. C'est ainsi qu'on doit comprendre l'égalité.

Le système napoléonien consiste à faire marcher la civilisation sans discorde et sans excès, à donner l'élan aux idées, tout en développant les intérêts matériels, à raffermir le pouvoir en le rendant respectable, à discipliner les masses d'après leurs facultés intellectuelles, enfin à réunir autour de l'autel de la patrie les Français de tous les partis en leur donnant pour mobiles l'honneur et la gloire.

Le nom de Napoléon est à lui seul tout un programme. Il veut dire : à l'intérieur, ordre, autorité, religion, bien-être du peuple; à l'extérieur, dignité nationale.

Les sociétés ne se transforment pas au gré des ambitions humaines; les formes changent, la chose reste. Malgré les tempêtes politiques survenues depuis 1815, nous ne vivons encore que grâce aux larges institutions fondées par le Consulat et l'Empire; les dynasties et les chartes ont passé, mais ce qui a survécu et ce qui nous sauve, c'est la religion, c'est l'organisation de la justice, de l'armée, de l'administration.

Quels sont les plus grands hommes d'État,

ceux qui fondent un système qui s'écroule malgré leur toute-puissance, ou ceux qui fondent un système qui survit à leur défaite, et qui renaît de leurs cendres?

On peut l'affirmer, la charpente de notre édifice social est l'œuvre de l'Empereur, et elle a résisté à sa chute et à trois révolutions.

Les grands avantages de la cause impériale, c'est d'être pour l'Europe l'emblème d'un pouvoir légitime, tout en représentant en France un principe démocratique.

Dans le rétablissement de l'Empire, le peuple trouve une garantie à ses intérêts et une satisfaction à son juste orgueil : ce rétablissement garantit ses intérêts en assurant l'avenir, en fermant l'ère des révolutions, en consacrant encore les conquêtes de 89. Il satisfait son juste orgueil, parce que, relevant avec liberté et avec réflexion ce qu'il y a trente-sept ans l'Europe entière avait renversé par la force des armes au milieu des désastres de la patrie, le peuple venge noblement ses revers sans faire de victimes, sans menacer aucune indépendance, sans troubler la paix du monde.

Le nom que je porte est la meilleure garantie de ce que je suis et de ce que je veux être, car ce nom-là est le synonyme de patrie, d'honneur, d'ordre, de justice et de gloire.

On ne peut remplacer un droit acquis et reconnu qu'en lui opposant un autre droit légalement acquis et légalement reconnu.

La véritable indépendance est la soumission à une loi consentie par tous.

Pour marcher dans des temps comme les nôtres, il faut avoir un mobile et un but. Mon mobile, c'est l'amour du pays ; mon but, c'est de faire que la religion et la raison l'emportent sur les utopies, c'est que la bonne cause ne tremble plus devant l'erreur.

Les sentiments nobles du cœur humain ne sont que les drapeaux des intérêts matériels bien entendus ; de même que la morale chrétienne est sublime, parce que, même comme loi civile, elle est le guide le plus sûr que nous puissions suivre, la meilleure conseillère de nos intérêts privés.

Mon gouvernement, je le dis avec orgueil, est peut-être le seul qui ait soutenu la religion pour elle-même; il la soutient non comme instrument politique, non pour plaire à un parti, mais uniquement par conviction, et par amour du bien qu'elle inspire comme des vérités qu'elle enseigne.

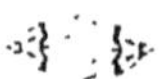

Il est encourageant de penser que, dans les dangers extrêmes, la Providence réserve souvent à un seul d'être l'instrument du salut de tous; et, dans certaines circonstances, elle l'a même choisi au milieu du sexe le plus faible, comme si elle voulait, par la fragilité de l'enveloppe, prouver mieux encore l'empire de l'âme sur les choses humaines, et faire voir qu'une cause ne périt pas lorsqu'elle a pour la conduire une foi ardente, un dévouement inspiré, une conviction profonde.

Ce qui donne une force irrésistible, même au mortel le plus humble, c'est d'avoir devant lui un grand but à atteindre et derrière une grande cause à défendre.

Le succès n'enfle jamais d'orgueil l'âme de ceux qui ne voient dans leur élévation qu'un devoir plus grand imposé par le peuple, qu'une mission plus élevée confiée par la Providence.

J'ai trop bien connu le malheur pour ne pas être à l'abri des entraînements de la prospérité.

Quand on a l'honneur d'être à la tête du peuple français, il y a un moyen infaillible de faire le bien, c'est de le vouloir.

Pour être digne de créer l'enthousiasme, il faut avoir des principes arrêtés, choisir une bannière et vaincre ou mourir avec elle. Heureux quand on est dans la bonne voie sous le drapeau national !

Il est dans la destinée de la France d'ébranler le monde lorsqu'elle se remue, de le calmer lorsqu'elle se modère. Aussi l'Europe nous rend-elle responsables de son repos ou de son agitation.

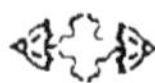

Le temps des conquêtes est passé sans retour; car ce n'est pas en reculant les limites de son territoire qu'une nation peut désormais être honorée et puissante, c'est en se mettant à la tête des idées généreuses, en faisant prévaloir partout l'empire du droit et de la justice.

Les peuples ne doivent pas être égoïstes; le repos de l'Europe dépend de la prospérité de chaque nation.

L'histoire a des enseignements que je n'oublierai pas. Elle me dit, d'une part, qu'il ne faut jamais abuser des faveurs de la fortune; de l'autre, qu'une dynastie n'a de chance de stabilité que si elle reste fidèle à son origine en s'occupant uniquement des intérêts populaires pour lesquels elle a été créée.

Souvent les peuples donnent un aiguillon pour les conduire, jamais pour les frapper.

Qu'est-ce que l'Empire? Est-ce un gouvernement rétrograde, ennemi des lumières, désireux de comprimer les élans généreux et d'empêcher dans le monde le rayonnement pacifique de tout ce que les grands principes de 89 ont de bon et de civilisateur?

Non, l'Empire a inscrit ces principes en tête de sa constitution; il adopte franchement tout ce qui peut ennoblir les cœurs et exalter les esprits pour le bien; mais aussi, ennemi de toute théorie abstraite, il veut un pouvoir fort, capable de vaincre les obstacles qui arrêteraient sa marche, car, ne l'oublions pas, la marche de tout pouvoir nouveau est longtemps une lutte.

D'ailleurs, il est une vérité écrite à chaque page de l'histoire de la France et de l'Angleterre; c'est qu'une liberté sans entraves est impossible tant qu'il existe dans un pays une fraction obstinée à méconnaître les bases fondamentales du gouvernement. Car alors la liberté, au lieu d'éclairer, de contrôler, d'améliorer, n'est plus, dans la main des partis, qu'une arme pour renverser.

Il n'y a que les causes bien définies, nettement formulées, qui créent des convictions profondes; il n'y a que les drapeaux hautement déployés qui inspirent des dévouements sincères.

Le but de l'homme d'État doit être de détruire, autant que faire se peut, l'esprit de caste, et d'unir tous les citoyens dans une même pensée comme dans un même intérêt.

Un gouvernement doit savoir utiliser tous les mérites, et donner à chacun le poste où il peut rendre le plus de services à la société.

Une bonne administration se compose d'un système régulier d'impôts, d'un mode prompt et égal pour les percevoir, d'un système de finances qui assure le crédit, d'une magistrature considérée qui fasse respecter la loi, enfin d'un système de rouages administratifs qui porte la vie du centre aux extrémités et des extrémités au centre. Mais ce qui distingue surtout une bonne administration, c'est lorsqu'elle fait appel à tous les mérites, à toutes les spécialités, pour éclairer sa marche et mettre en pratique tous les perfectionnements; c'est lorsqu'elle réprime avec force tous les abus, qu'elle améliore le sort des classes pauvres, qu'elle éveille toutes les industries, et qu'elle tient une balance égale entre les riches et les pauvres, entre ceux qui travaillent et ceux qui font travailler, entre les dépositaires du pouvoir et les administrés.

La plus belle prérogative du chef de l'État, c'est que tout le monde s'adresse à lui comme à un père.

Soyons les hommes du pays et non les hommes d'un parti, et, Dieu aidant, nous ferons du moins le bien, si nous ne pouvons faire de grandes choses.

L'état de la civilisation en Europe ne permet de livrer son pays aux hasards d'une collision générale qu'autant qu'on a pour soi, d'une manière évidente, le droit et la nécessité. Un intérêt secondaire, une raison plus ou moins spécieuse d'influence politique, ne suffisent pas ; il faut qu'une nation comme la nôtre, si elle s'engage dans une lutte colossale, puisse justifier, à la face du monde, ou la grandeur de ses succès, ou la grandeur de ses revers.

A l'époque de civilisation où nous sommes, les succès des armées, quelque brillants qu'ils soient, ne sont que passagers ; c'est, en définitive, l'opinion publique qui remporte toujours la dernière victoire.

L'histoire des peuples est en grande partie

l'histoire des armées. De leurs succès ou de leurs revers dépend le sort de la civilisation et de la patrie. Vaincues, c'est l'invasion ou l'anarchie ; victorieuses, c'est la gloire ou l'ordre.

Si la guerre est le fléau de l'humanité, ce fléau perd une grande partie de sa malheureuse influence, quand la force des armes est appelée à fonder au lieu de détruire. Les guerres de l'Empire ont été comme le débordement du Nil ; lorsque les eaux de ce fleuve couvrent les campagnes de l'Égypte, on pourrait croire à la dévastation ; mais à peine se sont-elles retirées, que l'abondance et la fertilité naissent de leur passage.

Si l'humanité permet qu'on hasarde la vie de millions d'hommes sur les champs de bataille pour défendre sa nationalité et son indépendance, elle flétrit et condamne ces guerres immorales qui font tuer des hommes dans le seul but d'influencer l'opinion publique, et de soutenir, par quelque expédient, un pouvoir toujours dans l'embarras.

L'esprit militaire est, dans les temps de crise, la sauvegarde de la patrie.

Si les produits des arts et des sciences méritent toute notre admiration, il y a quelque chose qui la mérite encore davantage, c'est la religion du devoir, c'est la fidélité au drapeau.

L'armée est une épée qui a la gloire pour poignée.

La paix, c'est l'accord résultant de difficultés aplanies, d'intérêts satisfaits; c'est la sécurité la plus complète régnant dans la société.

On répète sans cesse que la paix est un bienfait et la guerre un fléau ; personne ne doute de cette vérité. Mais ce qu'on ne dit pas assez, c'est que, si la guerre est souvent une nécessité, lorsqu'on a une grande cause à défendre, c'est au contraire un crime de la faire par caprice, sans avoir un grand résultat pour but, un immense avantage pour raison.

Asseoir la paix, ce n'est pas maintenir pendant quelques années une tranquillité factice ; c'est travailler à faire disparaître des haines entre nations, en favorisant les intérêts, les tendances de chaque peuple ; c'est, en un mot, suivre la politique de Henri IV et non la marche désastreuse des Stuarts et de Louis XV.

Au gouvernement appartient d'établir et de

propager les bons principes d'économie politique, d'encourager, de protéger, d'honorer le travail national. Il doit être l'instigateur de tout ce qui tend à élever la condition de l'homme; mais le plus grand bienfait qu'il puisse donner, celui d'où découlent tous les autres, c'est d'établir une bonne administration qui crée la confiance et assure un lendemain.

La civilisation, quoiqu'elle ait pour but l'amélioration morale et le bien-être matériel du plus grand nombre, marche, il faut le reconnaître, comme une armée. Ses victoires ne s'obtiennent pas sans sacrifices et sans victimes; ces voies rapides qui facilitent les communications, ouvrent au commerce de nouvelles routes, déplacent les intérêts et rejettent en arrière les contrées qui en sont encore privées; ces machines si utiles, qui multiplient le travail de l'homme, le remplacent d'abord et laissent momentanément bien des bras inoccupés; ces mines qui répandent dans le monde une quantité de numéraire inconnue jusqu'ici, cet accroissement de la fortune publique qui décuple la consommation, tendent à faire varier et à élever la valeur de toutes choses; cette source inépuisable de richesse qu'on nomme crédit, enfante des merveilles, et cependant l'exagération de la spéculation entraîne bien des ruines individuelles. De là la nécessité, sans arrêter le progrès, de venir en aide à ceux qui ne peuvent suivre sa marche accélérée. Il faut stimuler les uns, modérer les autres, alimenter l'activité de cette société haletante, inquiète, exigeante, qui, en France, attend tout du gouvernement, et à laquelle cependant il doit opposer les bornes du possible et les calculs de la raison.

Éclairer et diriger, voilà notre devoir.

Le degré de civilisation d'un pays se révèle par les progrès de l'industrie comme par ceux des sciences et des arts.

Le luxe qui, par l'attrait de séduisants produits, attire le superflu du riche pour rémunérer le travail du pauvre, ne prospère que si l'agriculture, développée dans les mêmes proportions, augmente les richesses premières du pays et multiplie les consommateurs.

Malgré les sophismes répandus tous les jours pour égarer le peuple, il est un principe incontestable qui, en Suisse, en Amérique, en Angleterre, a donné les résultats les plus avantageux : c'est d'affranchir la production et de n'imposer que la consommation. La richesse d'un pays est comme un fleuve; si l'on prend les eaux à sa source, on le tarit; si on les prend, au contraire, lorsque le fleuve a grandi, on peut en détourner une large masse sans altérer son cours.

Le crédit, c'est le côté moral des intérêts matériels; c'est l'esprit qui anime le corps. Il décuple, par la confiance, la valeur de tous les produits, tandis que la défiance les réduit à néant.

La richesse d'un pays dépend de la prospérité de l'agriculture et de l'industrie, du développement du commerce intérieur et extérieur, de la juste et équitable répartition des revenus publics.

Le prélèvement de l'impôt peut se comparer à l'action du soleil, qui absorbe les vapeurs de la terre pour les repartir ensuite à l'état de pluie sur tous les lieux qui ont besoin d'eau pour être fécondés et pour produire. Lorsque cette restitution s'opère régulièrement, la fertilité s'ensuit; mais lorsque le ciel dans sa colère déverse partiellement en orages, en trombes et en tempêtes, les vapeurs absorbées, les germes de production sont détruits, et il en résulte la stérilité, car il est donné aux uns beaucoup trop, et aux autres pas assez. Cependant, quelle qu'ait été l'action bienfaisante ou malfaisante de l'atmosphère, c'est presque toujours, au bout de l'année, *la même quantité* qui a été prise et rendue. La *répartition* seule fait donc la différence. Équitable et régulière, elle crée l'abondance; prodigue et partielle, elle amène la disette.

Il en est de même des effets d'une bonne ou mauvaise administration.

Le travail qui crée l'aisance, et l'aisance qui consomme, voilà les véritables bases de la prospérité d'un pays. Le premier devoir d'un administrateur sage et habile est donc de s'efforcer, par l'amélioration de l'agriculture et du sort du plus grand nombre, d'augmenter la consommation intérieure.

Une nation est coupable de remettre à la merci des autres son approvisionnement des denrées de première nécessité.

L'industrie appelle, tous les jours, les hommes dans les villes et les énerve. Il faut rappeler dans les campagnes ceux qui sont de trop dans les villes, et retremper en plein air leur esprit et leur corps.

Le meilleur moyen de travailler au bien-être de l'humanité, c'est d'abattre les barrières qui séparent les hommes, les races et les nations. C'est la marche qui nous est indiquée par le christianisme et par les efforts des grands hommes qui ont paru par intervalles sur la scène du monde.

On ne peut décrire les différentes phases d'un art, sans faire en quelque sorte l'histoire de la civilisation; car tout se tient dans le savoir humain, et chacune de ses conquêtes a besoin du concours de toutes les autres.

Il existe une dépendance mutuelle qui oblige nos inventions à s'appuyer les unes sur les autres, à s'attendre en quelque sorte. Une idée surgit, elle reste à l'état de problème pendant des années, des siècles même, jusqu'à ce qu'enfin des modifications successives lui permettent d'entrer dans le domaine de la pratique.

Encourageons, honorons les beaux-arts, car ce sont eux qui adoucissent les mœurs, élèvent l'âme, consolent dans les mauvais jours et embellissent les jours prospères.

Ouvrez les portes à la vérité et au mensonge; ce sera le mensonge qui entrera le premier.

Le meilleur moyen de réduire à l'impuissance ce qui est dangereux et faux, c'est d'accepter ce qui est vraiment bon et utile.

Des esprits même élevés sont souvent esclaves des préjugés et de la routine. Les habitudes les plus futiles et les plus inutiles ont d'immenses racines dans le passé, et quoique, au prime abord, il semble qu'il suffise d'un souffle pour les détruire, elles résistent souvent et aux convulsions des sociétés et aux efforts d'un grand homme.

Le but commun à toute nouvelle vérité qui surgit est d'effrayer au lieu de séduire, de blesser au lieu de convaincre. C'est qu'elle s'élance avec d'autant plus de force qu'elle a été plus longtemps comprimée ; c'est qu'ayant des obstacles à vaincre, il faut qu'elle lutte et qu'elle renverse, jusqu'à ce que, comprise et adoptée par la généralité, elle devienne la base d'un nouvel ordre social.

Rarement les grandes entreprises réussissent du premier coup; on dirait qu'il faut qu'elles s'aiguisent d'abord contre les obstacles de tout genre.

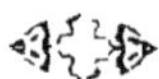

Il y a filiation dans les idées comme dans les hommes, et les progrès humains ont une généalogie dont on peut suivre les traces à travers les siècles, comme on remonte vers la source oubliée des grands fleuves.

Toutes les fois qu'une idée nouvelle surgit, elle amène avec elle de nouveaux avantages et de nouveaux inconvénients. L'œuvre du génie est d'établir la balance et de voir de quel côté le plateau incline.

Si la science analyse et coordonne les faits passés pour en déduire des principes généraux, le génie seul sait tirer d'immenses résultats de leur juste application.

Honorons les philanthropes qui, par une application heureuse d'une haute idée philosophique, font le bien de leurs semblables; mais mettons-nous en garde contre ces hommes à théories plus brillantes que vraies, qui poursuivent une idée sans se préoccuper des effets contraires qu'elle produit, et qui, voulant embraser le monde entier de leur amour, font le malheur du genre humain.

Rien ne signale mieux l'état de malaise d'une société que lorsqu'un incident imprévu et léger en lui-même vient tout à coup éveiller tous les esprits, exalter toutes les passions et amener des résultats que, dans des temps ordinaires, les plus grands événements seuls seraient capables de produire.

On commettrait une grave erreur, si l'on croyait qu'un grand homme a l'omnipotence, et qu'il ne puise de force qu'en lui-même. Savoir deviner, profiter et conduire, telles sont les premières qualités d'un génie supérieur.

Lorsque la religion chrétienne s'étendit, les nations l'adoptèrent avant de comprendre toute la portée de sa morale. L'influence d'un grand génie, semblable en cela à l'influence de la Divinité, est un fluide qui se répand comme l'électricité, exalte les imaginations, fait palpiter les cœurs, et entraîne parce qu'elle touche l'âme avant que de persuader.

Ce qui distingue, je crois, les grands hommes, ce qui enflamme leur ambition, ce qui les rend absolus dans leurs volontés, c'est l'amour de la vérité, qu'eux seuls croient connaître.

Ici-bas, tous les hommes sont plus ou moins acteurs; mais chacun choisit son théâtre et son auditoire, et met tous ses efforts comme toute son ambition à obtenir le suffrage de ce parterre de son adoption; semblables à Alexandre, qui, sur les bords de l'Indus, pensait à l'approbation des Athéniens comme à la plus belle récompense de ses travaux.

Les hommes sont souvent injustes envers ceux qui leur ont fait le plus de bien; ils s'enthousiasment des noms et négligent les choses réelles.

Si la philanthropie qui voit juste et bien, est une des plus belles vertus humaines, la fausse philanthropie est le pire de tous les travers.

Comme le corps humain, une société ne prospère qu'autant que les parties dont elle est composée remplissent chacune régulièrement leurs fonctions; l'immobilité d'une seule entraîne la ruine de toutes les autres. Or, la tête, siége de l'intelligence, doit conduire le reste du corps, ou si elle manque à sa mission, elle meurt avec lui.

La nature n'est pas stationnaire. Les institutions vieillissent, tandis que le genre humain se rajeunit sans cesse. L'un est l'ouvrage fragile des hommes, l'autre celui de la Divinité. La corruption peut s'introduire dans le premier; le second est incorruptible. C'est l'esprit céleste, l'esprit de perfectionnement qui nous entraîne.

Les périls réunissent, la sécurité divise.

L'incertitude de l'avenir est le pire de tous les maux.

Lorsqu'on est obligé, pour la défense d'une cause quelconque, d'altérer la vérité, c'est une preuve évidente qu'on ne peut ni tout avouer ni présenter les choses telles qu'elles sont.

On doit être meilleur, quand on souffre et quand on a souffert.

Il est donc vrai que l'infortune a ses avantages! Elle rend les hommes meilleurs ; elle retrempe leur âme, et leur montre en beau la nature humaine, en leur faisant connaître des âmes nobles et généreuses, pour lesquelles le malheur a plus de prestige que le pouvoir et la grandeur.

L'homme de cœur qui se trouve seul en face de l'adversité, seul en présence d'ennemis intéressés à l'avilir, doit éviter tout subterfuge, toute équivoque, et mettre la plus grande netteté dans ses démarches : comme la femme de César, il faut qu'il ne puisse pas même être soupçonné.

Le chemin de l'honneur est étroit et mouvant ; il n'y a qu'un travers de main entre la terre ferme et l'abîme.

Lorsqu'on ne réussit pas, on dénature vos intentions, on vous calomnie, on est sûr d'être blâmé même par les siens.

La seule consolation contre toutes les calomnies et contre les rigueurs du sort, c'est de sentir dans le fond de son cœur une voix qui vous absout.

Le repos ne fuit pas le malheur; il n'y a que le remords qui n'en laisse pas.

On peut regretter ce que l'on a perdu, sans se repentir de ce qu'on a fait.

On a toujours sa part dans le plaisir qu'on fait à autrui.

Ce n'est pas l'outrage, c'est la bienveillance qui subjugue les cœurs de ceux qui savent souffrir.

Dieu permet quelquefois la mort du juste, mais il ne permet jamais le triomphe de la cause du crime.

Pour un peuple l'honneur, pour un individu la morale évangélique, sont toujours les meilleurs guides et les meilleurs conseillers au milieu des embarras et des périls de la vie.

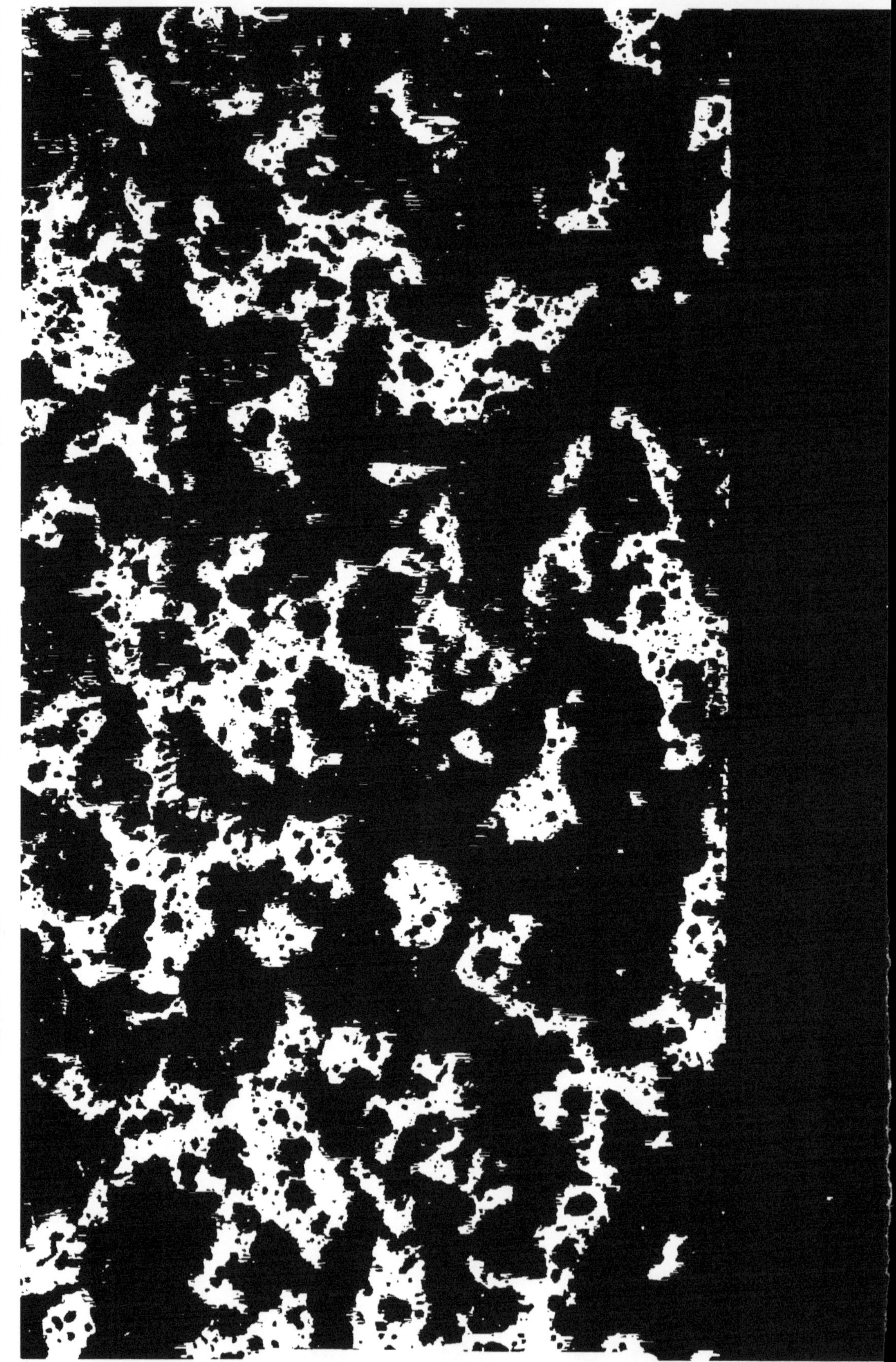

www.ingramcontent.com/pod-product-compliance
Ingram Content Group UK Ltd.
Pitfield, Milton Keynes, MK11 3LW, UK
UKHW012016240726
13965UKWH00002B/394